Filosofía y pensamiento

Alberto Santamaría

ALTA CULTURA DESCAFEINADA

Situacionismo *low cost* y otras escenas del arte en el cambio de siglo

SIGLO XXI
ESPAÑA

SIGLO XXI ESPAÑA

Diseño interior y cubierta: RAG

Sector Foresta, 1
28760 Tres Cantos
Madrid - España

Tel.: 918 061 996
Fax: 918 044 028

www.sigloxxieditores.com

ISBN: 978-84-323-1939-6
Depósito legal: M-2.717-2019

Impreso en España

ÍNDICE

Solo los tontos se lamentan aún de la decadencia de la crítica. El momento de esta hace ya mucho que pasó. La crítica consiste en adoptar una distancia adecuada y, por lo tanto, se corresponde con un mundo concebido en términos de perspectiva y de proyección en el que era posible adoptar un punto de vista. Ahora, sin embargo, la sociedad se ve presionada por las cosas desde demasiado cerca.

Walter Benjamin

Naturalmente, los museos trabajan en las torres de marfil de la conciencia. Declarar ese hecho tan obvio, no obstante, no es una acusación de conducta desviada. El posicionamiento intelectual y moral de una institución se vuelve débil solo si pretende estar libre de prejuicios ideológicos. Y una institución tal debe ser puesta en duda si rehúsa reconocer que opera bajo coacciones derivadas de sus fuentes de financiación y la autoridad a la cual ha de presentar informe.

Hans Haacke

Fabricas una escultura y es algo excitante, y está en una exposición, y la miras, y simplemente dices, «guau».

Damien Hirst

UNA NOTA PREVIA

CARA A

La escena inicial de este libro tal vez requiera de cierta espesura descriptiva. Estamos en un palacio y es julio de 2016. La mañana comienza con una densa luz que tiñe con delicadeza los acantilados que rodean esta lujosa arquitectura de comienzos del siglo XX. Los rayos de sol atraviesan los viejos y nobles ventanales del que fuera el lugar de vacaciones de la familia real española. Mientras accedo al palacio trato de orientarme y de recordar por qué estoy aquí. Entonces me detengo y observo. La gente a mi alrededor sonríe mostrando, en su mayoría, una reluciente dentadura. ¿Quién es toda esa gente? ¿Por qué estamos aquí? La respuesta es sencilla: arte contemporáneo. En realidad son los momentos previos al inicio de un congreso veraniego donde se reúnen durante unos días, junto a la playa, algunos de los coleccionistas y economistas del arte más importantes del momento. Se desplazan de un lado al otro, conversan animada y despreocupadamente mientras el resto del público toma asiento. Hago exactamente lo mismo, me siento. En ese instante, a mi lado, de pie, un tipo vestido impecable y con cierto gesto de superioridad dice a su interlocutora, una joven tostada y elegantemente vestida: «La verdad es que no sé por qué hemos tenido tanto éxito». Ríen. Se enseñan los dientes amablemente como animales afortunados. Se trata del director de la Fundación Banco Santander y frente a él, tal vez, una coleccionista. Los escucho en silencio, sentado en una silla justo a la entrada. Es cierto. El salón de baile, donde se realiza el curso de la Universidad Internacional Menéndez Pelayo (UIMP) sobre coleccionismo está, a las 10:00 de la mañana de un 18 de julio, a rebosar de personas y personajes del mundo del arte. ¿Mundo del arte? Escribo estas palabras y enseguida siento un irresistible deseo de borrarlas. Escribo mejor: mundillo del arte. Después escribo campo artístico. Lo borro. Luego lo vuelvo a escribir todo de nuevo. Se arremolinan impacientes algunos de los participantes en el pasillo antes de comenzar. La estética del corrillo previo a una ponencia merecería un estudio aparte. Palabras banales. Gestos. Abrazos de compromiso. Un centenar de personas se reúnen durante estos días bajo el título *Coleccionismo, apreciación y valor del arte contemporáneo. Un recorrido por los actuales circuitos del arte.* El público lo compone una densa trama de galeristas, banqueros, empresarios-coleccionistas y artistas. Durante los días que dura el curso se desarrolla, en paralelo, una feria de arte; una de esas ferias menores que, sin embargo, logra concitar a cierto espectador interesado. En cualquier caso, ¿por qué hay tanto público?, ¿la alianza entre arte y mercado resulta tan atractiva? Seguro que sí. Pero ¿qué impulsa a alguien a coleccionar? Y, por otro lado, ¿cuál es el papel del coleccionismo y del coleccionista hoy?, ¿por qué el neoliberal es un tipo amablemente interesado en el arte supuestamente más «vanguardista»? Estas son solo algunas de las preguntas.

Al entrar en el Palacio de la Magdalena uno tiene una sensación extraña. Como si tras de sí caminase un fantasma; uno que se respira, que se huele, que se piensa. Pero sobre todo un fantasma que seguro lee *La Razón* ya que sobre todas las mesas del palacio reposa un taco de ese periódico, que todo el mundo lee a lo largo del día, acariciándolo, hojeándolo, como si fuese un mapa sentimental del presente. La UIMP es, en fin, una especie de nave espacial que alguien ha abandonado allá arriba, para que algunos seres piensen que lo que allí hacen y dicen afecta al mundo, un mundo que –aparentemente– late ajeno. Miradas ceñudas, sonrisas amables, estudiantes esforzados e inteligentes, sacerdotes, políticos, se cruzan por los pasillos haciendo crujir las viejas maderas de un suelo que inevitablemente se hunde.

La sala donde se desarrolla el curso está llena. Apenas hay sitios libres. Tras las oportunas presentaciones iniciales se escucha un sonoro aplauso dedicado a la Fundación Banco Santander, que financia el curso y, por lo visto, está llamada a salvar el arte contemporáneo internacional. El aplauso es sonoro y sincero. Este inicio tiene algo de homilía.

Durante tres días se concentran aquí una gran cantidad de coleccionistas, galeristas y agentes del mundo del arte de diferentes partes del mundo. Tanto en las ponencias como en los pasillos algo parece claro: el coleccionismo ha cambiado. El coleccionista ya no es el mismo de hace cuarenta años. Esa parece una tesis más o menos recurrente y ampliamente aceptada en la gente que, por otro lado, tiene grandes sumas de dinero dispuestas para comprar arte contemporáneo. El coleccionista ya no es el típico profesional culto que colecciona arte, nacional fundamentalmente. No. Ya no es así. Las transformaciones económicas, los vaivenes sociales, han variado el mapa del coleccionismo. En la actualidad prima más la figura del empresario, emprendedor e inversor que mantiene una línea paralela relacionada con el arte. Un coleccionista con una pulsión internacional, atento a los cambios. Este sería el esquema del coleccionista, insisten. No obstante, hay algo que llama la atención, ¿cambia el coleccionista porque cambia el modo en el que el artista se enfrenta al proceso artístico? Parece ser que no es así. ¿Tal vez cambia el artista porque cambia el modelo económico vinculado al coleccionismo? Lo que ha traído el cambio de siglo es un proceso de intoxicación mutua atravesado por cambios más fuertes a nivel económico. Los coleccionistas no parecen darse cuenta de que son efecto del mercado y no a la inversa. Ahora bien, vayamos a otra pregunta: ¿para qué coleccionar arte? Esta pregunta ronda la cabeza de los presentes, pero nadie la propone. Se esgrimen documentos, cifras, estadísticas, pero lo que todos reclaman para sí es una imagen deliciosa: que se les vea como auténticos *lovers* del arte. Ahí está una de las claves y de las paradojas. Si no supiéramos absolutamente nada de dónde estamos, si fuésemos marcianos que aterrizan allí mismo en ese momento, al instante nos daríamos cuenta de que para esta gente un coleccionista es un ser alado, que ama el arte con un amor desmesurado. El dinero, o la procedencia de su dinero, es lo de menos. O eso es lo que parece que se dicen a sí mismos en una especie de dulce autoconsuelo. Primero uno es *lover* del arte y luego, coleccionista. Según nos cuentan compran arte no para especular ni para recibir beneficio, sino simplemente para disfrutarlo y permitir que otros lo disfruten. «No me preocupa –me confiesa uno de ellos en conversación privada– que se revalorice lo que compro, solo que me citen, que sepan quién soy. Bueno, que se revalorice pero que no se compre, saber que se revaloriza, ya sabes.» No. No lo sé, pienso, pero no digo nada. Recuerdo aquello que comentaba Alain Brossat acerca de la relación de saturación entre cultura y mercancía. Hacía referencia Brossat a quienes desde posiciones de poder tratan de salvar el concepto de cultura diciendo que «la cultura no es una mercancía más». ¿Qué nos quieren decir con esto exactamente? En realidad lo que nos están diciendo son dos cosas al mismo tiempo: a) que la cultura es una mercancía y b) que como tal se diferencia de las otras. Y en esta paradoja permanecemos dando vueltas. Otro coleccionista dice sin tapujos que su forma de comprar es sencilla: «Mismo tamaño, mismo precio». Pero «no lo hago por dinero, sino por emoción, bueno, emoción e inversión». Todos, al menos con los que hablo, se esfuerzan en decirme que ven la obra de arte no como algo mercantil o especulable, sino como producto afectivo. En alguna ponencia también se escucha esta idea. Afectos y efectos sociales como ejes que estructuran parte del mundo del coleccionista. No solo eso. Una de las ponentes dice: «El coleccionismo representa la construcción democrática de la sociedad». Copio esta frase, la vuelvo a copiar y prometo que no la entiendo. Hace falta un hermeneuta de altura para desentrañarla, yo no estoy capacitado. En cualquier caso, todo esto parece evidente: si entendemos las relaciones sociales como relaciones de mercado, el coleccionismo es un claro modelo social. En diversas ocasiones repiten la misma idea. Alguien añade a ello, con cierta sutileza: «Si el arte sobrevive hoy en día es por los coleccionistas y por las empresas y bancos, si no, no habría arte»[1]. Por supuesto, un nutrido grupo de asistentes asienten agitando su cabeza claramente orgullosos de sí. Y es cierto, razón no parece faltarles si analizamos el mundo a partir de las cifras y las ideas que muestran. Si bien olvidan otros factores, como el papel del propio artista y su precariedad general o la precariedad de los trabajos en el ámbito de la cultura. Nadie habla del éxito de una reciente la huelga en el Museo de Bellas

[1] Recientemente Hito Steyerl ha añadido algo a esta idea: «El arte contemporáneo es posible gracias al capitalismo neoliberal, además de internet, las bienales, las ferias de arte, las historias paralelas emergentes y las crecientes desigualdades en los ingresos. Sumemos a esta lista la guerra asimétrica –una de las razones de las enormes redistribuciones de la riqueza–, la especulación de bienes raíces, la evasión fiscal, el lavado de dinero y los mercados financieros desregulados. [...] Así, a falta de un terreno, una temporalidad o un espacio comunes, el arte contemporáneo se transforma en un delegado de la comunidad global. Se define por la proliferación de locaciones y la falta de responsabilidad», H. Steyerl, *Arte Duty Free. El arte en la era de la guerra civil planetaria,* trad. de F. Bruno, Caja Negra, Buenos Aires, 2018, pp. 112-113.

Artes de Bilbao[2] o de la huelga en Es Baluard. Acostumbrado a ver el arte desde otro ángulo, me asombra cómo aquí el arte ocupa un lugar difuso, donde el peso de lo económico se mezcla con cierta retórica romántica del arte. Se alimentan de esa paradoja. Se nutren de ella para afianzar su lugar y derramar su propia aura como si fuera leche. (Inevitablemente pienso en el cuadro de Alonso Cano titulado *San Bernardo y la Virgen* para comprender la relación coleccionista-mercado-arte-artista.) Progresivamente, conforme pasan los minutos y las conversaciones, me voy percatando del objetivo real de estos cursos: elevar la moral del sector, o de esa parte del sector artístico de donde procede el dinero privado. Estoy, en efecto, en medio de una especie de (necesaria, eso parece) terapia colectiva. Un auténtico psicodrama. Hace calor. Mucho calor. Bajo a la playa. Me doy un baño y mi aura se reconforta.

La palabra *fetiche* nadie la menciona, pero sí que mencionan a Benjamin. Walter Benjamin reaparece en estos foros de coleccionistas como lejano apóstol de algo. ¿En serio? Hay, por supuesto, esplendidas ponencias. Hay quienes imparten una auténtica lección magistral acerca de cómo debe trabajar una institución pública y cómo ha de relacionarse con lo privado. Una referencia al hecho radical (que los coleccionistas parecen no querer apuntar) de que el coleccionista vive fundamentalmente pegado y atento a los vaivenes del mercado mientras que los museos públicos deberían prestar atención a la construcción de un relato, ajenos a esos vaivenes. Sin embargo, nadie menciona el absurdo montaje de los patronatos de los grandes museos, la ausencia real de la ciudad en la toma de decisiones a favor de ricos y coleccionistas o cómo ha de repensarse la arquitectura de esas instituciones públicas, donde ciertos consejos asesores están en manos, digamos, poco claras. Se suceden momentos cómicos. Alguien habla de un proyecto cultural y social –interesante, no cabe duda– fundado por empresarios adinerados de Valencia. Y aquí otro dato curioso del que uno se da cuenta pronto. En ningún momento se menciona que el crecimiento de la fortuna de estas personas, y por tanto de su colección, se debe a las toallitas húmedas del Mercadona[3]. No hay nada de malo

---

[2] Véase [http://www.eldiario.es/norte/euskadi/Museo-Bellas-Artes-Bilbao-trabajadores_0_538596959.html].

[3] Véase [http://www.consejosmercadona.es/deliplus/].

en ello, al contrario, creo que sería la forma de humanizar a los coleccionistas. O tal vez no. Pero hay una enorme reticencia al hecho de nombrar la procedencia del dinero que recuerda mucho a *El burgués gentilhombre* de Molière. Hago la prueba. Cuando pregunto, nadie (o casi nadie) me dice a lo que se dedica: «Soy empresario», «Me dedico a las finanzas», etcétera.

Otro dato es la insistencia en la educación. La educación como eje vertebrador del cambio. Si cambia la educación, cambia la forma de ver el mundo, dicen. El coleccionista tiene fe ciega en la educación. Pero cuando hablan de educación, entre todas las cosas a las que se refieren, lo hacen señalando al hecho de que desde la infancia se debe hacer ver lo importante de la figura del empresario-coleccionista. «Educar para que al coleccionista se le valore como importante para la sociedad», esas son las palabras exactas. Tras los aplausos oportunos, me largo.

Justo a la entrada me topo con una de las ponentes. Le hago un comentario. Me responde: «A un coleccionista ya no se le pide que compre arte, sino que se comprometa con el mundo». Uno de los temas que aparece en varios (muchos, en realidad) momentos de las ponencias y de las conversaciones es del arte social y político. Oigo: «El arte comprometido es el lugar central hoy para el coleccionista y el empresario del arte». Asombrado copio estas palabras. ¿Realmente han dicho eso? Así es, no sé de qué me asombro: para el coleccionismo hoy el lugar es el arte social. Hace no demasiado tiempo Martha Rosler lo describía del siguiente modo: «Las obras comprometidas con los asuntos del mundo real, o que exhiben otras formas de criticidad, pueden ofrecer una cierta satisfacción y halagar al espectador, siempre que no involucren demasiado claramente su posición de clase»[4]. Tomo café con un participante que me dice que él no es coleccionista, aunque luego me reconoce que lo es un poco. ¿Se puede ser «un poco coleccionista»? De vuelta a la sala de conferencias, tras un breve descanso me topo con esta frase: «Ahora hay que comprar arte social, 15M y demás. Eso dentro de unos años quizá sea importante. El coleccionista es un oportunista», dice alguien con una gran sonrisa. Una de las ponentes menciona las siguientes palabras de Nato Thompson: «Coleccio-

[4] M. Rosler, *Clase cultural. Arte y gentrificación,* trad. de G. Jorge, Caja Negra, Buenos Aires, 2017, p. 63.

nar arte comprometido es la mejor forma de explorar el mundo y lo que aquí ocurre». Ahí está la clave. Según cuentan algunos de los presentes «la misión del artista es dar voz creativa a lo que ocurre fuera y la misión del coleccionista es comprarlo para saber lo que ocurre en la sociedad, para visibilizarlo y tenerlo presente». Sí, así es. Puede que los coleccionistas tengan la misión de comprar arte político para así saber lo que pasa en el mundo. Quizá sea un exceso, quizá con mirar ellos mismos de otro modo la realidad ya sería suficiente, pero realmente consideran que parte de su misión es esa: «adquirir» los problemas sociales a través del arte. Tal vez sea esta idea la mejor forma de percatarse de su pulsión fetichista. Aprehender lo real a través del arte.

(Conforme pasan las horas y las ponencias una cosa me va quedando clara: en un curso sobre coleccionismo y arte contemporáneo vas a ver más gráficos indescifrables acerca de fluctuaciones mercantiles que obras de arte. Mi inocencia es evidente.)

Y ¿en todo esto qué pinta el artista? Por un lado, aparece allí mismo, como figura espectral, un artista que se presenta como tal y que vende a nivel internacional. Sin pudor se ofrece como producto, al tiempo que sostiene que tiene que cambiar lo que hace para que sus coleccionistas no se cansen ni se aburran. Suelta: «Cuando dentro de 150 años quieran hacer una exposición sobre mí, tendrán que traer mi obra del extranjero, es una pena, pero así será». Tal cual. Por otra parte, el economista Alain Servais, tras una magnífica presentación o mapeo de la realidad mercantil del arte, concluye que la pobreza o precariedad del artista hoy se debe exclusivamente al hecho de que «hay muchos artistas». Es necesario fomentar cierto spencerismo que tienda a eliminar a los menos válidos. (No sé por qué, pero me viene a la mente la imagen de Pierre Bourdieu levitando sobre la pantalla que reflejaba tablas y gráficos.) Añade Servais: «Es como todo lo demás, si hay demasiada oferta, esto afecta a los precios. Es el capitalismo». Su teoría es simple: si no funciona, hay que desaparecer. Alguien habla de darwinismo tanto para el creador como para el galerista. Por su parte, Adriano Picinati di Torcello de Deloitte Luxembourg[5] lo expone claramente desde el principio: «El mercado global del arte está en medio de una trans-

[5] Véase su trabajo en [https://www2.deloitte.com/content/dam/Deloitte/lu/Documents/financial-services/artandfinance/lu-en-artandfinancereport-21042016.pdf].

formación significativa que crea nuevas oportunidades». China, Oriente en general, es un gran mercado. Pero ¿el artista? Se cita este texto: «The Death of the Artist, and the Birth of the Creative Entrepreneur», publicado en *The Atlantic* a comienzos de 2015[6]. Llegamos al punto clave. El artista ha de fenecer y de sus cenizas ha de brotar un emprendedor, capaz de combinar las finanzas y las bellas artes. El artista emprendedor, sueño de los hombres de finanzas. El objetivo es «alcanzar a clientes potenciales a una velocidad y una escala que hubiera sido impensable cuando los únicos medios eran el boca a boca, la prensa alternativa y poner letreros en los postes de teléfono». Escucho: «Ha comenzado la era del cliente».

Salgo a respirar después de tanto gráfico y tanta empresa y me encuentro con un galerista que conozco desde hace tiempo. Fuma. Le pregunto que qué tal la conferencia. Me dice: «El tipo conoce perfectamente el sector». Como galerista participa en la feria de arte que se desarrolla al mismo tiempo. «Y la feria, ¿qué tal?» Da una larga calada y suelta el humo. «Pues una mierda, la verdad. Estoy harto de venir cada año y ver que lo único que les interesa a los políticos de nosotros es adornar la ciudad y el verano, nada más. Vale que el *stand* es gratis, pero todo lo demás es ridículo. Una mierda. Esto me sirve para replantear cosas.» Se despide. Mientras monta en el taxi me dice: «No vayas a escribir sobre esto que te digo, ¿eh?». «No te preocupes», respondo. «Bueno, haz lo quieras», me dice desde dentro del taxi. Lo borro. Lo vuelvo a escribir. ¿Lo borro?

Me resulta complejo extraer conclusiones. ¿Realmente no he concluido nada? Iñigo de la Serna, alcalde, luego ministro y más tarde cazatalentos, sí concluye. Lo hace sin decir nada y vendiendo una vacía e inane idea de cultura que tristemente pagarán los ciudadanos sin abrir la boca. El timo cultural para una ciudad desnortada, como casi todas, donde, como dice un buen amigo, «el discurso va por delante del recurso». Sin embargo, trataré de concluir. Los coleccionistas parecen seres que se mueven en una extraña invisibilidad de la que muchos otros se nutren. Una invisibilidad que reclama, paradójicamente, visibilidad, mención, reconocimiento. No obstante, esta trama del arte y de la cultura vive completamente ajena a la sociedad, como si la precariedad laboral en el

[6] Véase [http://www.theatlantic.com/magazine/archive/2015/01/the-death-of-the-artist-and-the-birth-of-the-creative-entrepreneur/383497/].

mundo de la cultura, la desmantelación de lo público, etc., no existiera. Nadie se ha referido a esa precariedad de los trabajadores del arte; la palabra «precariedad», de hecho, no ha aparecido. En su lugar «invertir» o «negocio» han sido palabras recurrentes. Pero es lógico, desde este lado del arte contemporáneo esa precariedad no es un problema. El problema, según un coleccionista me confiesa es simple: «Acertar o no acertar con lo que compras». Parecen seres que juegan, que se mantienen en un verdadero laberinto fetichista. Un coleccionista está destinado a ser, en definitiva, un personaje trágico y ganador al mismo tiempo.

Cara B

Sirva esta anécdota como ejemplo. Quería (o necesitaba) empezar con esta historia, con esta crónica, como marco de algo que vendrá en las páginas que siguen. No se trata de una pataleta ni de una forma de derribar formas de hacer. Simplemente se trata de un replanteamiento crítico. ¿Cómo afrontar las dinámicas del arte en su relación con lo social o con la propia tradición artística en el cambio de siglo? ¿Qué ha significado este cambio de siglo? Pero, sobre todo, ¿qué reflexión estética y política podemos extraer o producir? De esto trata este libro, es decir, de las derivas y mutaciones de cierto arte aparentemente crítico pero esencialmente consensual que se desarrolla en el cambio de siglo. Una forma de hacer que presupone un horizonte neoliberal dentro del cual realizarse. ¿Será el neoliberalismo la «obra de arte» dentro de la cual habitamos? ¿Se ha convertido en nuestra segunda piel?

No obstante, quizá sea oportuno ahora hacer una advertencia: a pesar de su subtítulo este no es un libro sobre el situacionismo ni, muchos menos, sobre *todo* el arte producido en el cambio de siglo. Por mi cabeza no ha pasado esa idea. Tampoco es mi objetivo (ni tengo capacidad para) hacer una exhaustiva historiografía de ese tipo. En su lugar, este es un libro que trata de reflexionar críticamente sobre *uno* de los síntomas del presente cultural, es decir, sobre las formas de absorción por parte del capitalismo de los procesos críticos que, paradójicamente, han nacido o nacen en su interior. El situacionismo, así como ciertas prácticas críticas vinculadas al arte conceptual, se toman aquí como casos o ejemplos que en su reprogramación actual muestran un curioso síntoma; esto es: el vaciado de toda pulsión transformadora así como su amable adaptación a lo dado. El neoliberalismo es esencialmente viscoso y culturalmente activo.

Ahora detengámonos un instante.

Rebobinemos.

Los años noventa fueron años clave en la formulación de lo que se ha denominado «giro social» del arte, también descrito como «arte socialmente orientado». Un gran número de artistas, al tiempo que un buen y solvente puñado de teóricos, orientaron su trabajo a la posibilidad de pensar la conexión entre las prácticas artísticas y las mutaciones sociales. Sobre el tablero la fórmula parece atractiva; no tiene, ciertamente, por qué no serlo. Ahí están los trabajos teóricos de Grant Kester, Tom Finkelpearl, Peter Dunn o Nicolas Bourriaud. En todos ellos, el elemento social, participativo y colaborativo ejercía un magnetismo central a la hora de reflexionar sobre las prácticas artísticas. Cada uno de ellos, eso sí, con lecturas y objetivos en grado diferente, pero situando lo social y participativo como vínculo nuclear de su propuesta. Con la publicación en 2012 de *Artificial Hells. Participatory Art and the Politics of Spectatorship*[7], Claire Bishop ponía sobre la mesa algunas de las líneas motrices de esta forma de entender el proceso artístico que sitúa en correlación arte y sociedad. Sin duda se trata de un trabajo central para conocer toda esta pulsión social del arte desde la última década del pasado siglo. Bishop lo describe del siguiente modo: «el sello distintivo de una orientación artística hacia lo social en los noventa ha sido una serie de deseos compartidos por invertir la relación tradicional entre el objeto arte, el artista y la audiencia»[8]. Y ahí el situacionismo podía servir como excusa. Sin embargo, en un buen número de ocasiones el resultado ha sido tanto una fetichización escandalosa como una forma de lavado de cara de ciertas instituciones, las cuales han entendido que el trabajo crítico y político en sentido participativo les servía como fórmula eficaz para justificar su lugar (siempre en busca de una aparente despolitiza-

---

[7] C. Bishop, *Artificial Hells. Participatory Art and the Politics of Spectatorship,* Verso, Londres, 2012 [ed. cast.: *Infiernos artificiales. Arte participativo y políticas de la espectaduría,* trad. de I. Galina Vaca, T-e-eoría, México, 2016].

[8] *Ibid.,* p. 13.

ción) en el entramado económico. En este sentido, el problema está en que la relación con lo social y político solo ocurre en el vientre de la propia política del arte, para feliz regodeo de quienes quieren mantener su conciencia social tranquila y en paz. No se trata de participar en el cambio, sino de hacerlo en la institución. ¿Es casualidad el hecho de que cuanto más se lleva a cabo el desmantelamiento de lo público, cuanto más trágicas son las consecuencias del neoliberalismo, sea mayor el interés de ciertas instituciones por las prácticas artísticas colaborativas y participativas? ¿De verdad ven en el arte (bancos y fundaciones que desahucian sin contemplaciones) la forma a través de la cual «coser las fracturas sociales»? Cuando las herramientas críticas se convierten en suave crema reparadora y regeneradora, quizá debamos estar alerta. Ocurre, pues, que muchas veces las obras de arte socialmente orientado lo que llevan a cabo es una reproducción de las políticas de inclusión típicas del neoliberalismo donde la idea de comunidad desaparece surgiendo en su lugar la figura del sujeto consumidor autoadministrado, la empresa-de-sí. De hecho, el situacionismo ya habló de la necesidad de romper «con las apariencias de la seudocolaboración, del diálogo ficticio»[9]. Con claridad la perspectiva situacionista señalaba que el capitalismo, como fuerza cultural, engendraba un horizonte total sobre el cual extendemos nuestra vida y, en ocasiones, llevamos a cabo algo así como una «participación» vacía de sentido transformador y comunitario. Participación capaz de reforzar culturalmente el individualismo en el seno capitalista. Dicho en otros términos: el capitalismo difunde una de imagen de la participación producida por él mismo e invita a todos a disfrutar de ese «todo feliz». Y lo hace al mismo tiempo que se asegura de que «esa totalidad es ilusoria e inalcanzable: una imagen fuerte y atractiva, pero vacía»[10]. En esto reside la potencia de su paradoja cultural. La idea parece simple, pero en su simpleza reside su trampa. Se puede hacer de todo, tener de todo, ser todo e ir a todas partes, pero es imposible elegir o definir el horizonte o

[9] G. Debord, «Perspectivas de modificaciones conscientes de la vida cotidiana», en VVAA, *La creación abierta y sus enemigos,* trad. de J. González del Río Rams, La Piqueta, Madrid, 1977, p. 206.

[10] S. Plant. *El gesto más radical. Internacional situacionista en una época postmoderna,* trad. de G. López Gallego, Errata Naturae, Madrid, 2008, p. 48.

el todo sobre el cual se llevan a cabo todas esas cosas y elecciones. «El mundo es un sitio apasionante, pero el trozo en el que se vive puede ser tan aburrido como el agua de un charco»[11].

Expuesto sintéticamente todo esto, parece evidente que es la «activación del espectador lo que se ha convertido en un fin, no en un medio y no se presta suficiente atención a la calidad de la subjetividad y socialidad así conseguidas». En definitiva, «más que al espectador, es el propio museo lo que el museo se propone activar»[12]. Veamos brevemente un caso representativo. En el año 1997 François Matarasso publica el informe *Use or Ornament? The Social Impact of Participation in the Arts*[13]. Este informe es reflejo de las formas a través de las cuales opera en gran medida el «giro social» del arte dentro de los parámetros neoliberales. Entre las bondades que el informe encuentra a nivel social y económico está el hecho de que se trata de un tipo de arte que implica, dentro de la institución en la cual se desarrolla, la «posibilidad de hacer amigos». En la misma medida es un tipo de arte que puede ayudar a los criminales o a las víctimas a replantear sus problemas, o contribuye a la inserción en el mercado laboral. Aunque, tal vez, lo que más llama la atención es el hecho de considerar que el arte social y participativo genera lo que denomina «riesgo positivo». Es decir, el arte sería el modo a través del cual los sujetos pueden entender mejor eso de la flexibilidad y el riesgo (es decir, la precariedad) que implican las formas de mercado realmente existentes. Escribe al respecto Matarasso, cuyo informe tuvo notable importancia para la tercera vía de Blair: «Alentar a la gente a asumir riesgos puede no parecer el impacto más útil que las artes podrían reclamar, pero el riesgo es fundamental para la condición humana, y aprender a vivir con él es un requisito previo para el crecimiento y el desarrollo personal. Cada vez es más aceptado el hecho de que los desafíos económicos y sociales del próximo siglo favorecerán a aquellas culturas que son flexibles y competentes para el riesgo». El arte es así, parece, una buena opción para hacerse cargo de uno mismo en este camino para convertirse en empresa-de-sí que dibuja el neolibera-

---

[11] *Ibid.,* p. 49.

[12] H. Foster, *Malos nuevos tiempos. Arte, crítica, emergencia,* trad. de J. Chamorro Mielke, Akal, Madrid, 2017, p. 172.

[13] Disponible en [http://www.culturenet.cz/res/data/004/000571.pdf].

lismo[14]. El informe de Matarasso continúa: «los proyectos artísticos alentaron de igual modo a otras personas responsables (maestros, trabajadores juveniles, personal de atención) a aceptar riesgos que no habían previsto». ¿Debía ser este el destino del giro social del arte? ¿Para esto necesitábamos que las instituciones repensasen el papel participativo del arte? Tal vez sí. Tal vez no. En cualquier caso, este parece el modelo neoliberal de participación social. ¿Dónde queda el necesario papel crítico que porta la obra de arte orientada social y políticamente? Otra cuestión urgente que quedará en el aire es la siguiente: ¿puede existir un arte socialmente orientado cuando carecemos de un imaginario social y político alternativo al proyecto neoliberal? Una de las piezas esenciales del situacionismo era esta: generar una transformación de la vida cotidiana a través de la transformación de los deseos. Sin cambio en las formas y pulsiones del deseo no podía existir un cambio real en la vida cotidiana y, por lo tanto, no podría generarse un cambio cultural. No es factible, pues, deslindar cultura y política. ¿Dónde ha quedado todo esto? Quizá está bien huir de cierto exceso situacionista, pero no es posible (o al menos creíble) obviar la línea motriz de la transformación y la crítica situacionista. Ya hace años, Sadie Plant, en un recomendable libro sobre el situacionismo y su impacto, describió esta tendencia a despolitizar el gesto situacionista. Una despolitización que nos ofrece una «reelaboración de estilos, léxicos, ideas y experiencias previas [del situacionismo]; una representación de momentos anteriores de la que se excluyen toda fuerza crítica y todo impulso político»[15]. Y es este vacío relleno de falsa participación lo que ha crecido como arte social dentro del vientre neoliberal. Hacia el final de su libro, Bishop lo describe

---

[14] En 2013 Martha Rosler, reflexionando acerca de cómo lo colaborativo pierde fuerza en el marco artístico, escribía: «Los artistas jóvenes reinventan sin cesar ideas de proyectos colaborativos, que son la norma en el resto del mundo del trabajo y la comunidad y que solo son desalentados de modo artificial en el mundo del mercado del arte en nombre del emprendimiento artístico y del "control de la firma"». M. Rosler, *Clase cultural, op. cit.*, p. 66. Lo que plantean Rosler y otros es que en el arte contemporáneo, atravesado por las dinámicas de las propias instituciones financieras, se ha dinamitado todo proceso colaborativo o cooperativo a través de la producción de una noción de colaboración completamente inane y acrítica, acorde a las necesidades de esas instituciones.

[15] S. Plant, *El gesto más radical, op. cit.*, p. 259.

perfectamente: «la participación tiene más que ver con las agendas populistas de los gobiernos neoliberales. A pesar de que los artistas de esta vertiente se posicionan invariablemente en contra del capitalismo neoliberal, los valores que le imputan a sus trabajos se entienden formalmente (en términos de oponerse al individualismo y al objeto mercancía), sin reconocer que otros muchos aspectos de esta práctica artística encajan con una perfección aún mayor con las formas recientes del neoliberalismo (redes, movilidad, trabajos por proyecto, labor afectiva)»[16].

De los mencionados más arriba, posiblemente sea el comisario francés Nicolas Bourriaud (y su llamada *estética relacional*) uno de los referentes acerca de estas cuestiones. Sobre su trabajo trataremos en varias de estas páginas. Será modelo de eso que denominamos *alta cultura descafeinada,* es decir, el modo en el que el arte se despolitiza a favor de una *pose crítica* dentro del proceso institucional. Esta *alta cultura descafeinada* tiene la forma de la paradoja. Se toman formas críticas del pasado, se las vacía por completo de pulso transformador, al tiempo que dichas formas disensuales u oposicionales nos son devueltas como modelos críticos altamente sofisticados en el interior de la institución neoliberal. En este sentido, «el disenso y la disidencia que no llegan a la insurrección y a la revuelta son incorporados con bastante regularidad por las exposiciones y, también, en las sociedades liberales»[17]. Nuevo apropiacionismo, alta y baja cultura, relación entre arte y sociedad, se ofrece todo ello bajo la forma de una cultura entendida como lugar dentro del cual hallar consenso y homogeneidad. Bourriaud ha sabido producir su propia lectura del proceso desde su posición institucional. Y ha visibilizado con notable éxito un intento de gestionar la reconfiguración de la crítica dentro del mercado. No es el único caso que veremos, pero sí el más notable quizá, y conecta a la perfección con la crónica con la cual abríamos el libro. Dicho de otro modo, este no es exactamente un libro sobre arte, sino sobre el horizonte teórico y social sobre el cual se debate la práctica artística en el cambio de siglo. Se trata de un trabajo sobre *tensiones culturales y síntomas políticos.*

En definitiva, lo que nos proponemos en las páginas que siguen no es un compendio o recapitulación de estas prácticas apropiacio-

[16] C. Bishop, *Infiernos artificiales, op. cit.,* p. 436.

[17] M. Rosler, *Clase cultural, op. cit.,* p. 61.

nistas, participativas o colaborativas del arte en el cambio de siglo. En su lugar lo que proponemos es una reflexión crítica acerca de cómo en algunos de estos modos de hacer, en los cuales se establece un vínculo entre arte y procesos sociales, lo que se está llevando a cabo es, en el fondo, un proceso de reconexión con las prácticas culturales consensuales que el neoliberalismo necesita para nutrir su marco (y cuota) sostenible de crítica.

* * *

La primera versión de este libro data de 2012-2013. Por avatares que no vienen al caso, el proyecto quedó a un lado. Sin embargo, como un pesado fantasma, este libro desde entonces ha estado en mi cabeza. De un modo u otro es el libro del que se han nutrido trabajos posteriores como *Arte (es) propaganda* o *En los límites de lo posible. Política, cultura y capitalismo afectivo.* Fue a raíz de la publicación de este último que me puse manos a la obra con la finalidad de recuperar esta *alta cultura descafeinada.* Sin duda se trata de libros que han generado sus propias conexiones entre sí. En este caso, las páginas que siguen pretenden ofrecerse como una indagación acerca de cómo el *activismo cultural neoliberal* se apropia de las formas críticas del arte para dibujar un tipo abierto de práctica artística plenamente consensual y políticamente deshabilitada dentro de un sistema cultural capaz de generar un consenso viscoso. En este sentido algo resulta evidente: la cultura de vanguardia parece disponerse en la actualidad como el mejor modo (así como el más paradójico) de deshabilitar cualquier impulso crítico. ¿En qué medida el situacionismo –en una versión, eso sí, despolitizada del mismo– se ha convertido en un hacer/experimentar sin un trasfondo crítico y transformador alimentando así el proceder aséptico del neoliberalismo? Esta será una de las cuestiones a desarrollar. Lo curioso reside en el hecho de que en el paso del siglo XX al siglo XXI parece que este proceso se ha dado de una manera natural, sin que aparentemente observemos fisuras ni disensos. El *uso* de un situacionismo blando es tan solo un caso, un ejemplo. El objetivo aquí será, por lo tanto, complejizar la forma de entender el modo en el que esto se ha producido. Por otro lado, no se trata de un libro extenso, sino de un trabajo que pretende en su brevedad (teniendo en cuenta las mutaciones del activismo cultural neoliberal) señalar algunas vías generales, algunas líneas motrices, que afectan a lo que podemos denominar arte y cultura contemporáneas dentro del horizonte político y cultural en el cual aún nos hallamos.

Este libro tiene una historia detrás llena de deudas (y dudas) que siempre son difíciles de pagar. En primer lugar, quisiera agradecer a mi editor Tomás Rodríguez Torrellas la dedicación y la confianza en este y en otros proyectos. Sin duda, a él le debo el impulso de que este libro salga del cajón. En versiones diferentes, y en momentos distintos de su redacción, Rosa Benéitez, Pablo López Carballo, Julián Rodríguez y Víctor del Río leyeron este manuscrito aportando siempre acertados consejos. Para todos ellos mi agradecimiento. También quisiera extender mi agradecimiento a Domingo Hernández Sánchez, Carmen González, Sara Rodríguez, Antonio Notario, José Gómez Isla, Paco Nadie y Juan Albarrán, que, de un modo u otro, han aportado ideas a este trabajo. Por supuesto, ninguno de los errores o delirios que haya en este libro se deben a su aportación. Eso es cosa solo mía. Y, finalmente, quisiera dar las gracias a mis alumnos y alumnas de la Facultad de Bellas Artes de la Universidad de Salamanca con quienes he podido discutir y debatir sin rodeo alguno de los temas desarrollados en este libro.

Salamanca, enero de 2019

I. SUCEDIÓ EN SEATTLE. CRÍTICA Y DELIRIO

Sucedió en Seattle a mediados de la década de los cincuenta del siglo XX. Podríamos decir que fue una extraña epidemia y que, como toda epidemia, esta se propagó rápida y estratégicamente. La historia podría contarse del siguiente modo. Durante varias semanas, en una ciudad como Seattle, fue aumentando de modo alarmante el número de conductores que, tras observar detenidamente los parabrisas de sus coches, se percataban –sobresaltados– de la existencia de pequeñas –mínimas– hendiduras, a modo de inapreciables cráteres, que se extendían a lo largo de la superficie del cristal. Entre el 14 y el 15 de abril de 1954 la policía recibió 242 llamadas de ciudadanos intranquilos ante aquel fenómeno. Según se narra en diversos lugares, la escena de tipos inclinados sobre la superficie del parabrisas con el fin de comprobar si sus coches habían sufrido aquel insólito y paranormal incidente se tornó habitual en las mañanas de la húmeda Seattle. La inquietud ciudadana crecía a un ritmo dramático. Nada ni nadie parecía quedar a salvo. El gobernador de Washington, visiblemente nervioso ante el sorprendente desarrollo de los acontecimientos y atemorizado por el caos social y político que esto pudiera provocar, envió una petición al presidente Eisenhower con el objetivo de que un grupo de expertos de la quisquillosa Oficina Federal de Verificación investigase lo que estaba sucediendo *realmente* (figura 1). ¿Qué se ocultaba detrás de este misterio? ¿Cuál era la explicación válida para este fenómeno que cada día parecía afectar a más y más vehículos? Esa era la pregunta. Esa era la cuestión que abría la investigación. Fue un tal Jackson quien se ocupó de investigar el fenómeno y de, posteriormente, elaborar el informe acerca de la *verdad* sobre los hechos; un texto impactante y revelador. Jackson recorrió las calles de Seattle, habló con afectados, con mecánicos y chapistas, contempló el cielo, la lluvia, la condensación del aire, reconstruyó escenas, anotó cientos de historias y explicaciones en su pequeña libreta de anillas y, finalmente, en un intento desesperado por hallar una respuesta, se decidió a mirar desde otra perspectiva esos mismos parabrisas. Así, tras varias semanas de investigación, entrevistas y revisión de decenas de declaraciones y vehículos, un sorprendido Jackson llegó a la conclusión de que

> circulaban dos teorías sobre el fenómeno de los parabrisas. Según la primera de ellas, la llamada teoría del *fall-out,* las recientes explosiones atómicas rusas habían contaminado la atmósfera y la lluvia radiactiva generada por los experimentos se había transformado, en el húmedo clima de Seattle, en una especie de rocío que dañaba los cristales de los parabrisas. Los partidarios de la «teoría asfáltica» estaban convencidos, por su parte, de que los largos tramos de autopistas recientemente asfaltadas, en virtud del ambicioso programa de red viaria puesto en marcha por el gobernador Rosollini, habían generado –también aquí bajo el influjo del húmedo clima de la región– numerosas partículas ácidas que afectaban a los hasta entonces incólumes parabrisas. En lugar de dedicarse al estudio y comprobación de estas teorías, los hombres de la Oficina Federal de Verificación concentraron su atención en una pregunta más elemental: y descubrieron que no se había producido en todo Seattle aumento ninguno de parabrisas dañados[1].

¿Qué había sucedido entonces? ¿Era una vulgar invención? ¿Había sido una falsificación de los hechos? ¿O era simplemente un truco? ¿Había en realidad causas para la alarma? Paul Watzlawick lo expone del siguiente modo: «Lo que se había producido, en realidad, era un fenómeno de masas: al comenzar a correrse la noticia de que había parabrisas dañados fue en aumento el número de automovilistas que comenzaron a fijarse en sus propios vehículos»[2]. Ahora bien, estos automovilistas –como descubrieron «los hombres de la Oficina Federal de Verificación»– miraban el parabrisas inclinándose sobre el cristal para poder así examinarlo desde más cerca. De este modo, el número de marcas que se podían observar empíricamente era directamente proporcional a la edad

---

[1] Cit. en P. Watzlawick, *¿Es real la realidad? Confusión, desinformación, comunicación,* trad. de M. Villanueva, Herder, Madrid, 1994, p. 88.

[2] *Ibid.*

del vehículo: cuanto más antiguo era el coche mayor el número de marcas. Observado el automóvil *desde fuera,* las señales eran evidentes. Sin embargo, desde dentro y según un ángulo normal, los «hombres de la Oficina Federal de Verificación» se percataron de algo muy interesante. «Desde este nuevo ángulo inhabitual de observación [desde dentro] destacaban claramente los minúsculos cráteres que hay en todo parabrisas y que son causados por el desgaste normal. Lo que se había producido en Seattle no era una epidemia de parabrisas dañados, sino una epidemia de parabrisas *inspeccionados*»[3]. Parabrisas inspeccionados, esta es la conclusión de Paul Watzlawick, para quien esta falsificación de la perspectiva puede situarse dentro de una reflexión más amplia acerca de la aceptación de *premisas en torno a las cuales creamos un orden,* acerca de la imposibilidad de *crear distancias críticas,* o acerca de cómo aceptamos narraciones disciplinarias. Sí. De eso, en la misma medida, había hablado Walter Benjamin. He ahí el tema: la necesidad de construir historias y meternos dentro de ellas, habitarlas, eliminar las distancias, eliminar las disrupciones. El ser humano tiene esa necesidad de un orden; ese impulso de establecer líneas argumentales que partan de raíces (en principio incuestionables) a partir de las cuales construir nuestro propio sistema, o lo que es lo mismo: hacer de los signos territorios nuevos que justifiquen cualquier lectura. No se trataría tanto de un retorno de lo reprimido, sino de la habilidad de construir constantemente nuestro propio retorno. Para Watzlawick «los seres humanos tendemos a buscar un orden en el curso de los hechos, y una vez que hemos insertado en ellos este orden, la visión de la realidad que de aquí se deriva se va autoconfirmando mediante una atención selectiva»[4]. Dicho de otro modo, actúa aquí el mismo mecanismo sobre el que se asientan las deformaciones de la realidad de alcance clínico: «una vez que se ha formado y consolidado una premisa, el resto del creciente delirio se produce de forma casi inevitable, a base de conclusiones al parecer totalmente lógicas, extraídas de aquella única y absurda premisa». Es decir: una construcción lógica que parte de una premisa cuestionable.

Tomemos este caso como punto de partida. Por extraño que parezca, el pensamiento de/sobre los parabrisas de Seattle, como

---

[3] *Ibid.*

[4] *Ibid.,* p. 87.

Figura 1. Policía inspeccionando parabrisas. Seattle, 1954.

es fácilmente intuible, no dista demasiado –en una comparación abierta– de las ideas (psico)estéticas sobre las que determinados artistas, escritores y teóricos trabajan.

La cultura –entendida esta por ahora en un sentido difuso– establece, sobre la base de los medios de comunicación, de la crítica, de la academia, del mercado, o de las redes, sus pequeños delirios desde los cuales se estabilizan presupuestos críticos y teóricos. Toda cultura presupone una forma de orden. En este sentido, tanto la cultura de masas como la alta cultura comparten no solo el hecho de una existencia casi imposible fuera del mercado, sino que, igualmente, sufren modos de crecimiento, variación y desinflado de carácter delirante similar. Es decir: construimos un orden compulsivo que nos sirve para explicar las cosas, y a ese orden nos aferramos. De este modo, las diversas cosmovisiones artístico-culturales, dicho de un modo grueso, se conforman progresivamente bajo la forma del delirio. Toda interpretación, en este sentido, asienta al mismo tiempo una lógica (y una economía) en apariencia incuestionable. Una compulsión de orden narrativo parece definir a la teoría. Milton Erickson se refería a esta «interpretación» como formando parte de la «técnica de la confusión»: cuando vivimos situaciones confusas, ante las cuales carecemos de referencias, «todo el mundo echa mano del primer cable aparentemente salvador [...] incluso cuando el punto de apoyo en cuestión es totalmente erróneo o, al menos, insignificante»[5].

Con todo, el delirio (e igualmente «la técnica de la confusión») no ha de entenderse como una irrupción de «algo» sin sentido en el seno de una determinada concepción de lo real (con sentido), sino, por el contrario, como una construcción lógica y diferente de un universo real a partir de una premisa cuestionable. El delirio es un desvío que se construye desde otra lógica (pero al fin y al cabo una lógica); una repetición del presente donde este se nos muestra *diferente:* virtual. Lo virtual aquí remite al poder interno del delirio, al hecho de crear potencialidades paralelas. Algo que Paolo Virno apuntaba al sostener que «cuando sucede un hecho determinado, además de percibir la realidad, aprehendemos también su trama potencial»[6]. Es decir, construimos un orden teórico lógico a partir de una premisa (la idea de que existe una epidemia o una moda en torno a los parabrisas o cualquier cosa *x*) y desde ese momento diseñamos el orden interno de nuestro sistema mental (y cultural). Sobre este horizonte *la interpretación sucesiva* construye dinámicas que surten de conceptos, espacios y tiempos. No es exactamente una falsificación –donde hay una conciencia de la duplicación–, sino una desviación –la construcción de tramas potenciales– que nos permite, a su vez, desarrollar una lógica interna (*ideas de orden* según palabras del poeta Wallace Stevens) dentro de un contexto que exige una lógica –la que sea–. Ese orden y esa lógica requieren, a su vez, teorías que son, evidentemente, formas de asentar el delirio. La teoría del *fall-out* o la teoría asfáltica son

---

[5] *Ibid.,* p. 40.

[6] P. Virno, *El recuerdo del presente. Ensayo sobre el tiempo histórico,* trad. de E. Sadier, Paidós, Barcelona, 2003, p. 25.

muestras de ese sistema útil como representación. Teorías que son «algo que no se ve»[7] y que certifican, a su modo, un punto de vista. Y de eso, exactamente, trata la estética: de las relaciones que establecemos con la realidad[8], o al menos, de las formas desde las cuales dibujamos *modos* de acercarnos a lo real (y al arte). Más aún, podemos resumirlo como *políticas de la experiencia.*

Ahora bien, dicho esto, y aunque suene paradójico, es necesario afirmar que la teoría como delirio es fundamental para el desarrollo de todo sistema crítico. Sin delirio no hay crítica[9]. Algo que ya atisbaba Walter Benjamin al hablar de la *falta de distancia* del crítico. En otras palabras: la falta de distancia –a la que se ve forzada la crítica– provoca la construcción de delirios. Los parabrisas inspeccionados, tomados en tanto que ejercicio estrictamente narrativo, no aportan un sistema de realidad mayor –con respeto a otras posibles teorías–, sino la certificación de otro delirio paralelo capaz de ensanchar las *posibilidades de lectura.* En este sentido el problema reside en el instante en el que el crítico asume el carácter patológico de los delirios y, dicho crítico, pretende que admitamos (hagamos nuestras) sus creencias delirantes no según el contenido de *esas creencias* (su propia construcción lógica), sino solo basándonos en la manera (vehemente) en que el crítico defiende esa creencia. He aquí una de las tensiones críticas fundamentales, pero, sobre manera, el abandono efectivo de la crítica[10]. Thomas McEvilley lo expone al hablar, precisamente, del carácter patológico que adquiere la crítica formalista greenbergiana, un caso ejemplar de este tipo de delirios, fundados, a su vez, sobre una delirante visión de lo normativo. Así señala McEvilley que una «obra de arte, sujeta como está a la complejidad de la situación causal general, irradia significado en muchos niveles. [...]

---

[7] H. Blumenberg, *La risa de la muchacha tracia. Una protohistoria de la teoría,* trad. de T. Rocha e I. Reguera, Pre-Textos, Valencia, 2000, p. 15.

[8] «El campo original de la estética no es el arte sino la realidad, la naturaleza corpórea, material», S. Buck-Morss, *Walter Benjamin, escritor revolucionario,* trad. de M. López Seoane, Interzona, Buenos Aires, 2005, p. 173.

[9] «Toda interpretación es delirio», apuntaba C. Rosset en *Lógica de lo peor. Elementos para una filosofía trágica,* trad. de F. Monge, Barral, Barcelona, 1976, p. 24.

[10] Desde otra perspectiva, la de la sociología, escribe L. Boltanski, *De la crítica. Compendio de sociología de la emancipación,* trad. de T. Fernández Aúz, Akal, Madrid, 2014.

Pero la reivindicación formalista de la prioridad en el método supone que uno de estos ámbitos (en este caso el de la forma física) puede llamarse arte-en-cuanto-arte, con exclusión de todos los demás». Y concluye con una evidencia: «su mayor debilidad es la imposición de focos especiales como si fueran leyes últimas»[11]. En este sentido (un caso que describe una muy vieja y repetida historia) la deformación patológica se muestra a través no de una posibilidad crítica (que abre nuevas posibilidades), sino a través de su propia claudicación.

«Este caso nos muestra –apunta finalmente Watzlawick volviendo al tema de los parabrisas– que un hecho cotidiano e insignificante (tan insignificante que al principio pasa inadvertido para todos) puede convertirse en tema de fuerte carga emotiva y que, a partir de este instante, su evolución asume un rumbo que ya no necesita ninguna otra prueba, pues avanza y crece por su propio impulso, autoconfirmándose y autoconsolidándose y arrastrando a un número creciente de personas»[12]. Entonces, podemos preguntarnos: ¿no es este, precisamente, el modo en el que se construyen ciertas proyecciones histórico-críticas, el modo en el que se desarrolla buena parte de nuestro sistema crítico actual? Este sería, en efecto, un ejemplo interesante de construcción de la crítica donde a partir de un hecho –un libro, una idea, una acción…– y en torno a él, se producen a su vez una serie de textos y paratextos complementarios que no cuestionan constantemente ese hecho inicial, o su propio contexto de producción, o las dinámicas de su producción histórica, sino que –como en el caso de los parabrisas– este es asumido a modo de sedante, «autoconfirmándose y autoconsolidándose y arrastrando un número creciente de personas». La construcción de etiquetas críticas funciona, aparentemente, de este modo. Sobre esta base de autoconsolidación, o compulsión de orden, se han erigido grandes formas teóricas de fuerte impacto. Bajo este sentido delirante Clement Greenberg,

---

[11] Th. McEvilley, «Las cabezas son la forma. Las colas no son el contenido», en Th. McEvilley, *De la ruptura al «cul de sac». Arte en la segunda mitad del siglo* XX, trad. de A. Brotons Muñoz, Akal, Madrid, 2007, pp. 101-102. El propio McEvilley cita una idea al respecto de Joseph Margolis: «El rasgo filosóficamente más interesante de la interpretación crítica es su tolerancia de hipótesis alternativas y aparentemente contrarias».

[12] P. Watzlawick, *¿Es real la realidad?, op. cit.,* p. 89.

por ejemplo, estabilizó su *teoría modernista de la pintura* o, más recientemente, Nicolas Bourriuad ha desarrollado su *estética relacional* basada a su vez en una lectura unidimensional y delirante de la modernidad. Un primer indicio se carga de fuerza emotiva, teórica y mercantil y así, mediante añadidos, se va autoconfirmando y consolidando. A su vez, este desarrollo o autoconfirmación, necesita de una narrativa paralela (o más bien interna) que trace una interpretación que se ajuste, desproblematizando si es necesario, a un modelo anterior que sirva como legitimación genealógica. La deshistorización sirve, por tanto, para usar y ajustar modelos, los cuales se vuelven huecos y perfectamente manejables. He ahí el Manet de Greenberg o el Gauguin de Bourriuad, pero los ejemplos podrían ser muchos.

El caso de Greenberg es paradigmático y fuertemente delirante. Defendió con fuerza su creencia formalista, creencia que se define a través de la pureza del medio (planitud, bidimensionalidad, pigmento, es lo único que necesita un cuadro). Esta creencia le llevó a insistir, por ejemplo, en el hecho de que no se debía hacer caso a lo que decían los artistas acerca de su obra (he ahí la premisa). Es decir, negar la tendencia hacia la metafísica de artistas que le interesaban, desde Piet Mondrian hasta Barnett Newman, y quienes defendían su posición espiritualista frente a lo puramente formal. De esta manera se generó un desacuerdo (un desajuste narrativo) entre lo que Greenberg decía de los artistas (obviando el contexto histórico-social donde se producía ese arte) y lo que estos opinaban del arte. Sin embargo, debido a la vehemencia del crítico y el modo que este tenía de *arrastrar personas* logró (junto a muy solventes historiadores como Michael Fried) que fuera *la suya* la *forma correcta* de acercarse a la obra. Así, el delirio fue creciendo como una epidemia hasta convertirse durante décadas en el modo en el que había que enfrentarse a las obras, obviando todo posible contenido, toda posible referencia a la reflexión del artista y su relación con el contexto. En este delirio, del mismo modo que se acepta que *el sol sale todos los días,* se acepta como algo *a priori,* como algo dado, esta forma de entender la obra, obturando toda posible salida interpretativa, así como toda conexión discursiva con el contexto. Ahora bien, «cuando el público del arte comenzó a notar con fastidio que nuestros grandes artistas de los años cincuenta eran en realidad contenidistas metafísicos y no puristas estéticos como sus críticos, la obra perdió credibilidad. Apareció torpemente revelada como [...] otro modo de representación»[13]. Los ejemplos podrían extenderse.

Pero insisto: a nivel crítico la forma del delirio (del delirio no patológico, es decir, del delirio no sometido a la compulsión totalizadora) es necesaria para la revisión tanto del pasado como del presente. Este sentido delirante –capaz de cuestionar lo pactado, o como dijese Foucault, capaz de «delatar un deseo de no ser gobernado»– es el que constituye y arma, en un sentido amplio, la herramienta crítica. Si bien a nivel patológico el delirio impide una visión coherente (mesetaria, quizá) del presente –al pretender cerrar toda posible alternativa, al prohibir todo flujo con lo «otro», al someter el pasado a lecturas consoladoras y simplificadoras acorde a los intereses del presente–, a nivel crítico ese delirio (si no asume su forma puramente patológica) facilita la posibilidad de nuevos delirios, la apertura de significaciones, la revisión *crítica* de lo dado. Esta forma del delirio debería provocar nuevas posibilidades, pero siempre sobre el principio de que *cabe* constantemente otra posibilidad. Como apunta el propio Watzlawick: «Lo verdaderamente ilusorio es suponer que hay una realidad "real" de segundo orden y que la conocen mejor las personas "normales" que los perturbados psíquicos»[14].

En este sentido, las páginas que siguen pretenden abrir un debate (o varios) en torno a los modos desde los cuales ciertas prácticas artísticas en los primeros años del siglo XXI se enfrentan desde su presente a problemas que la fallida dialéctica modernidad/posmodernidad ha dejado en el aire. Problemas tales como el estatus de la originalidad y de la copia, el supuesto retorno a una modernidad (formalista) y a una vanguardia (fetichista) filtradas por el espectro de lo mercantil, el lugar de lo político o la cuestión de la distancia (o no) entre la alta y la baja cultura. Desde luego, no es

---

[13] Th. McEvilley, «Sobre la manera de disponer las nubes», en Th. McEvilley, *De la ruptura al «cul de sac», op. cit.*, p. 119.

[14] P. Watzlawick, *¿Es real la realidad?, op. cit.*, p. 130. Por supuesto, no deseo entrar aquí en un debate sobre el realismo, debate donde el realismo especulativo parece sofocar un incendio recurrente acerca de esta cuestión. Véase al respecto de Graham Harman, *Hacia el realismo especulativo,* trad. de C. Iglesias, Caja Negra, Buenos Aires, 2015. Otros autores importantes son Quentin Meillassoux, Iain Hamilton Grant y Ray Brassier.

posible ni deseable que el tema pueda quedar cerrado desde un solo acercamiento. Estas páginas, por tanto, tienen el carácter (y la intención) de una posible aproximación crítica a varios fenómenos culturales que marcan las propias pautas e inercias de la actualidad, sin cerrar ninguna posibilidad, pero asumiendo la idea de que –al menos desde una perspectiva personal– parece necesaria una constante apertura crítica tanto en el marco de la teoría del arte contemporáneo como de sus prácticas. Es esta idea de *una perspectiva crítica* lo que anima el desarrollo del libro.

II. LA TERCERA VENIDA DE HANK HERRON

«El arte de Hank Herron, por el contrario, no profundiza ni amplia nada, ni tan siquiera es alegre. Todo lo contrario, es un arte superficial, estrecho de miras y, sobre todo, trágico, pues el espectador se ve obligado a recordar ante cada línea, ante cada curva, que representa el predicamento ontológico de nuestro tiempo, y el de todo ser vivo: la experiencia inauténtica. Se trata, en definitiva, de falsificaciones»[1]. Con estas palabras, escritas en 1973, Cheryl Bernstein concluía el texto titulado «Fake as more», una muy interesante reflexión acerca de ese nuevo (y extravagante) pintor llamado Hank Herron; un pintor, en palabras de Bernstein, que basaba su trabajo en la absoluta «negación de la originalidad» y en una deslumbrante afirmación de la «superioridad de lo falso». Ambos territorios parecían cercar simbólicamente al pintor. Su extrema radicalidad y su novedad –aventuraba Bernstein con efusividad–, consistía, precisamente, en volver a pintar, como exactos dobles, las pinturas de quien se decía que representaba «el arte de nuestro tiempo»: Frank Stella (figura 3). De esta forma, lo que tendríamos ante los ojos serían no recreaciones o «inspiraciones» a partir de un original, sino réplicas exactas de los cuadros de Frank Stella. En este sentido, podría aplicársele a Herron las palabras de Warhol: «No quiero que sea esencialmente lo mismo, quiero que sea *exactamente* lo mismo. Porque cuanto más mira uno a la misma cosa exacta, más se aleja el significado y mejor y más vacío se siente uno»[2]. En esta línea estaría la propuesta de Herron. Sin embargo, es obvio, haríamos trampa si sospechásemos un espíritu pop en Herron. Su intención parece ser otra, aunque comparte con War-

[1] Ch. Bernstein, «La superioridad de lo falso», en G. Battcock (ed.), *La idea como arte. Documentos sobre el arte conceptual,* Gustavo Gili, Barcelona, 1977, p. 41.

[2] A. Warhol y P. Hackett, *POPism: The Warhol '60s,* Harcourt Brace Jovanovich, Nueva York, 1980, p. 50.

hol esa necesidad de vaciado significativo. Escribía Cheryl Bernstein: «las obras de Herron reproducen la apariencia exacta de toda la obra de Frank Stella, introduciendo, sin embargo, un nuevo concepto, en el sentido fenomenológico total, por representar la totalidad de las acciones de alguien que no es Frank Stella»[3]. He ahí la diferencia. Lo interesante o la clave de la obra de Herron (como un delirante sucesor borgeano) es la creación de un conflicto en tanto que vemos la obra de Stella y *algo más,* es decir, la representación de un tiempo donde la originalidad ya no es –o no será– el valor determinante. Pero ¿es así de sencillo? Según defiende Bernstein (en un texto atravesado por menciones a Wittgenstein, Kant, etc.) es en la falsificación de Herron donde se demuestra la superioridad de lo falso, en tanto que esa falsificación «asume» dialécticamente el pasado al volver a pintarlo. Ahora bien, este «retornar falsificado» elimina toda referencia al sujeto, a la autenticidad, al gesto original del pintor, produciendo un conflicto entre ambas obras, produciendo un *vaciado.* Herron, insinúa Bernstein, desarticula toda posibilidad aurática, toda intensidad, y, en general, toda retórica expresionista. Sería algo así como una saturación fetichista que diluiría, paradójicamente, la obra como fetiche. En este gesto de ruptura con respecto a «lo original» Herron supera, precisamente, ese gesto original (así como en general más amplios problemas de representación). Para Bernstein es en la imitación –en la tensión entre el original y la copia– donde brota la esencia, la realidad intensificada del hecho artístico. De esta forma añade que «en su verdadero sentido, estos objetos son más-que-Stellas, son los cuadros de Frank Stella y algo más, y las implicaciones que cabe extraer de ellos ocuparán, sin duda, a buena parte de la comunidad artística abstracta y a la crítica durante algunos meses»[4]. Esta es la línea central de argumentación: la superioridad de lo falso se da en tanto que en el proceso de la copia –en el acto de copiar *exactamente lo mismo*– se produce el velamiento –la desactivación– del gesto original, su desaparición.

A pesar de las intenciones y de la vehemencia de Bernstein, este texto, publicado en 1973, pasó desapercibido en el interior de un libro colectivo más amplio editado por Gregory Battcock don-

---

[3] *Ibid.,* p. 40.

[4] *Ibid.*

de la excusa era el arte conceptual. Para ser justos es necesario señalar que apenas se le prestó atención –de hecho quedó sepultado entre otros textos– a pesar de la contundencia con la cual explicaba la obra de Hank Herron y, sobre todo, sus posibilidades dentro del mundo del arte contemporáneo. Parecía, *a priori,* que el delirio de Herron era insuperable: la negación de la originalidad. En cualquier caso, Bernstein se equivocó a medias con su predicción al pensar que la crítica se ocuparía de Herron «durante algunos meses». En un principio la crítica (y el mundo del arte en general) se olvidó por completo de este pintor extravagante. Sin embargo, con el tiempo, algo pasó. No fueron meses, en realidad tuvieron que pasar años hasta que el texto (y la figura de Hank Herron) tuviera presencia real; hasta que la crítica y los artistas se ocuparan de él (y de su peculiar trabajo). Dicho de otro modo, el texto pasó desapercibido hasta que hacia finales de los años setenta y principios de los ochenta –casi como una revelación– comenzase a ganar adeptos, e igualmente se iniciase una especie de moda donde Herron va a aparecer como referencia indiscutible en críticas, artículos y conversaciones entre artistas. El texto, por lo tanto, adquiere paulatinamente vida propia como una especie de delirante monstruo de Frankenstein conceptual. Es entonces, a principios de los ochenta, cuando la propuesta de Herron resucita, retorna, se expande incluso de un modo que pocos hubieran podido sospechar años antes. Incluso en España Herron tuvo su presencia[5]. He aquí, por lo tanto, la que será su segunda venida tras la infructuosa llegada «original». He aquí su resurrección posmoderna; una resurrección donde se «supone una radicalización de los recursos de la cita, la alusión o el plagio que caracterizan la práctica artística posmoderna; [implicando] una actitud de revisión, de relectura de lo dado, de toma de conciencia de la influencia de los sistemas de exposición y comercialización sobre la

[5] Como bien nos recuerda José Luis Brea en *Las auras frías. El culto a la obra de arte en la era postaurática* (Anagrama, Barcelona, 2006), el retorno de Hank Herron fue saludado en julio de 1987 en España por algunos críticos que despistadamente lo aceptaron. Fue el caso de Francisco Calvo Serraller quien el 17 de julio publica en *El País* un artículo sobre la exposición de Herron titulado «La estrategia del camaleón». Otra crítica de la exposición de Herron en la galería Baudes aparece en el diario *ABC* del 16 de julio de 1987. Una crítica firmada por José Manuel Costa (figura 2).

Hank Herron

Baudes *Hasta el 28 de julio*
Claudio Coello, 43
Precios: 24.000 a 100.000 pts.

HANK Herron es un copión. El objeto de su copia son dos corrientes estéticas tan emparentadas como el suprematismo y el minimalismo.

Son nocuadros, planos ribeteados en plata de un solo color, a lo sumo tres, ausentes de todo artificio, netos. Lo que propone Herron (Boston, EE UU, 1952) es más una reflexión que una contemplación.

Esta exposición pertenece a un proyecto llamado PROUN, con un manifiesto que acaba: «No a la hiperrealidad del mundo, no a la hiperrealidad del arte. No a las visiones del mundo. No al mundo diferido. Sí a lo imposible. Sí a la realidad.»

De todo ello y de la obra presente puede deducirse un regreso a la seriedad en el arte que implicaría un decantamiento hacia el famoso grado cero de la pintura.

J. M. C.

Figura 2. Texto aparecido el 16 de julio de 1987 en el diario *ABC*.

obra de arte, su dependencia del contexto institucional y del discurso histórico por él determinado»[6].

¿Fue entonces Hank Herron algo así como un adelantado a su tiempo? Esta podría ser una de las cuestiones. Por otra parte, ante esta resurrección, ¿cómo reaccionó Cheryl Bernstein? Y, más allá de eso, ¿qué opinaba el propio Herron?

Esta segunda venida –y aquí reside un tema capital de sobra conocido– tendrá un precio muy alto. Como ha señalado Thomas Crow, en el momento en el cual el texto es recuperado –a princi-

[6] J. Martín Prada, *La apropiación posmoderna. Arte, práctica apropiacionista y teoría de la posmodernidad,* Fundamentos, Madrid, 2001.

pios de la década de los ochenta– este sufre su primera desactivación, tanto a nivel teórico como a nivel práctico. Esta desactivación se produce por el hecho de que el texto es apropiado por artistas conceptuales y pintores simulacionistas de los ochenta «sin que nadie –escribe Crow– reconozca su condición de parodia», sin que se observe no solo la parodia en su sentido retórico en el interior del texto de Bernstein, sino la velada crítica que escondía. Sí. Es cierto. Podemos afirmarlo ya. Tal como sabemos, el artículo «Fake as more» firmado por Cheryl Bernstein es una parodia, una sátira, un *fake,* una falsificación en sí misma a través de la cual pretendía cuestionar (reírse desde la atalaya modernista de) el arte conceptual, poner en entredicho su «palabrería» teórica y su «impostura» intelectual. Pero no es solo una parodia –y aquí yace la maravilla de este delirio–, sino una parodia sustentada sobre una ficción o, mejor dicho, sobre una triple falsificación. Hank Herron fue una invención de Cheryl Bernstein con el claro objetivo de ridiculizar la retórica del arte conceptual, es decir, no existió ese pintor falsificador de *Stellas* más que en la cabeza y en la parodia de Bernstein. Sin embargo, no queda ahí el asunto: a su vez Cheryl Bernstein era, en la misma medida, una invención, una máscara de la historiadora del arte moderno Carol Duncan. Expuesto así, si ordenamos las fichas, tenemos a un falso pintor que pinta falsificaciones y que, a su vez, es descrito (y defendido) por una crítica de arte falsa e inexistente. Todo ello coordinado y dirigido para construirse como una parodia, precisamente, en torno a los destinos del arte. He ahí la paradoja: un texto cuyo objetivo era parodiar el arte se torna pieza central del arte de los ochenta. Esa era la historia delirante del texto: la construcción de una parodia sobre el arte de los sesenta, una sátira de sus pretensiones, acaba por ser esencial para el arte de un determinado momento. El falso falsificador se convierte en héroe. Entonces, ¿cómo es posible que dicho texto se reincorporara al sistema crítico siendo una parodia de ese mismo sistema? He ahí la cuestión.

Sin embargo, no terminan en este punto (y en este texto) las curiosidades. Es decir, no solo puede sorprender el hecho de cómo es posible que una parodia (llena de imposturas) se ejecutase finalmente en su opuesto –y triunfase–, sino que también –y como una vuelta de tuerca más– se daba la paradoja (delirante a su vez) de que SÍ existía *algo así como un Hank Herron «de verdad»* del que

Figura 3. Frank Stella.

Bernstein no se percata. Su nombre: Elaine Sturtevant (figura 4). Esta artista, desde mediados de los sesenta, se dedicaba *realmente* a la labor de copiar fielmente Stellas, negando, como Herron, todo concepto de originalidad. Esto quiere decir que el proyecto paródico *ya existía en el momento de la parodia sin ser parodia y sin saberlo la autora de la parodia*. Así las cosas, Sturtevant tuvo un éxito en los ochenta llamativamente menor que el de su doble falsificado: Hank Herron.

Thomas Crow traza la evolución del artículo de Bernstein en su trabajo «El retorno de Hank Herron»[7]. Según apunta Crow –si dejamos de lado las críticas que destina a la nueva construcción del fetiche/mercancía del postapropiacionismo– el trabajo de Bernstein cumple su objetivo de ocupar un espacio central dentro de la crítica del momento, pero lo logra al precio de quedar completamente desactivado como parodia. Escribe Crow: «Basta yuxtapo-

[7] Th. Crow, «El retorno de Hank Herron», en A. María Guasch (ed.), *Los manifiestos del arte posmoderno. Textos de exposiciones 1980-1995,* trad. de C. Palma, Akal, Madrid, 2000, pp. 105-115. Reproducido con sustanciales variaciones y añadidos en Th. Crow, *El arte moderno en la cultura de lo cotidiano,* trad. de J. Chamorro Mielke, Akal, Madrid, 2002.

Figura 4. Elaine Sturtevant.

ner citas para descubrir la proximidad existente entre la sátira de principios de los setenta y la práctica hoy. Sherrie Levine es la artista contemporánea más aplaudida por sus réplicas de fotos, dibujos y cuadros canónicos»[8]. De esta forma la parodia revive actualizándose en su contrario. Gerald Marzorati, en 1986, se refería al trabajo apropiacionista y simulacionista de Levine de un modo que trece años antes se podría haber emparentado directamente con el estilo y la crítica de Cheryl Bernstein. Escribía lo siguiente Marzorati: «Al apoderarse [Levine] literalmente de los cuadros que hizo y luego enseñarlos como suyos, pretendía que se entendiese que estaba poniendo drásticamente en entredicho –drásticamente socavando, mejor dicho– los principios artísticos más santificados de la era moderna: la originalidad, la intención, la expresión»[9]. Como es sabido, Sherrie Levine desarrolló todo un modo de trabajar basado en la negación absoluta del estatus de originalidad del acto creativo. En este sentido, Levine trabaja, por ejemplo, con imágenes previas que manipula así como «fotografiando fotografías», como en el caso de

[8] *Ibid.,* p. 106.

[9] G. Marzorati, «Art in the (Re)Making», *Art News,* junio de 1986, p. 91.

After Walker Evans o bien ocupándose más ampliamente sobre la historia del arte. Lo que se da en Levine es un proceso de desmitificación tanto del creador como del mito moderno de la originalidad, lo que implica, por extensión, el cuestionamiento mismo del concepto de *aura.* Ella misma lo ratifica: «Solo es posible imitar un gesto que siempre es anterior, nunca original»[10]. De esta forma se apropia de obras de Miró o de Lissitzky, aceptando la premisa de la no-originalidad, ya que dicha originalidad presupone una visión cerrada del propio acto artístico. Aunque, como la propia Levine reconoce, cuestionar el mito de la originalidad en el arte implica cuestionar algo mucho más complejo, es decir: apunta hacia la propia estructura de lo social (y sus roles).

Parece evidente que la transmutación se cumple: la retórica de la parodia es a su vez digerida, neutralizada y reutilizada. Ahí hallamos lo que hemos denominado la segunda venida de Hank Herron. En efecto, a finales de los setenta y principios de los ochenta, una parodia de los primeros setenta se transforma en algo real, en el centro de la actividad artística apropiacionista, pero sobre todo comienza a tomarse en serio, que es –evidentemente– el mejor modo de desactivar una parodia.

Hemos hablado de Sherrie Levine, pero igualmente podríamos hacerlo de Philip Taaffe, por ejemplo, quien imita pulcramente (y no sin cierta ironía) las grandes telas de Barnett Newman. O incluso, si nos situamos en el marco de lo literario, no podemos obviar a Kathy Acker y su lectura de Levine. Escribe Acker: «lo que me interesaba era ver qué ocurre cuando simplemente copias algo, sin razón alguna –no es que no hay justificación para lo que hace Sherrie [Levine]–, sino que era el acto en sí de copiar lo que me fascinaba. Quería ver si podía hacer algo parecido en la prosa. Llegué al plagio desde otra perspectiva: escudriñando la esquizofrenia y la identidad; y quería ver cómo sería el plagio puro, sobre todo porque no entendía mi propia fascinación hacia ese fenómeno»[11].

La apuesta de Bernstein se cumple detalladamente. La falsificación como suma, o como añadido, implica, por una parte, el cues-

---

10 Sh. Levine, «Five Comments», en B. Wallis y M. Tucker (eds.), *Blasted Allegories,* Massachusetts Institute of Technology Press, Cambridge (Mass.), 1987, p. 92.

11 Cit. en M.ª C. África Vidal, *Arte y Literatura. Interrelaciones entre la pintura y la literatura del siglo* XX*,* Palas Atenea, Madrid, 1992, p. 62.

tionamiento de la autenticidad u originalidad y, por otra parte, la purificación de sobrantes o excedentes metafísicos que conformaban una experiencia aurática o personalista de la obra[12]. Esa sería la tesis de la segunda venida de Hank Herron. Como señala Peter Halley, en estas obras simulacionistas y apropiacionistas «el contenido se niega, el acto de producción se purifica»[13]. Apropiarse de un objeto supone precisamente el adelgazamiento pleno de su contenido. De este modo la copia supera al original en tanto que la copia es capaz de desatar o de irradiar conceptualmente un campo más amplio al no estar sujeta a un contenido histórico o personal alguno. En efecto, no debe olvidarse que esta posición ante la obra tiene como premisa la anulación del mismo concepto de *deleite estético de la copia.* Duchamp había sentado las bases al hablar del estatuto del *ready-made:* «Hay un punto que quiero establecer muy claramente y es que la elección de estos *ready-mades* nunca me vino dictada por ningún deleite estético. Esta elección se basaba en una reacción de indiferencia *visual,* adecuada simultáneamente a una ausencia de buen o mal gusto... de hecho una anestesia completa»[14].

La retórica del posmodernismo parece encajar a la perfección en esta contraparodia. Este podría ser el esquema posmoderno; esquema que estos artistas encuentran respaldado en las palabras de Jean Baudrillard, quien consideraba que el arte había sido rebasado por la duplicación estética, esa fase en la cual, prescindiendo de todo contenido y de toda finalidad, aquel se vuelve en cierto modo abstracto y no figurativo. La duplicación alcanza un estatus abstracto que supera, desdobla, por decirlo así, el carácter puramente aurático o figurativo del objeto apropiado. Al abstraer de la obra su estado original (mejor dicho, su carácter originario) las piezas se tornan puramente abstractas, alejadas de toda metafísica de la originalidad. Al eliminar de la materia su «grado original» las posibilidades de la obra desbordan y superan su anclaje como «objeto de arte». Simón Marchán Fiz, hablando del arte conceptual, señalaba lo siguiente: «La abstracción no se entendería en su senti-

[12] Aunque lo que no obvia, no lo olvidemos, es que reconstruye –a través de la ironía– las posibilidades mercantiles de la pintura, que era precisamente lo que trataba de cuestionar.

[13] Cit. en Th. Crow, «El retorno de Hank Herron», *op. cit.,* p. 109.

[14] M. Duchamp, «A propósito de los "Ready-Mades"», en M. Duchamp, *Escritos,* trad. de J. Elías y C. Hess, Galaxia Gutenberg, Barcelona, 2012, p. 237.

do reduccionista tradicional, sino en el de la desaparición de la propia obra material»[15]. Si bien en el caso de Herron no se daría una desmaterialización al uso (desmaterialización, por lo demás, que el propio Marchán Fiz pone en duda), el objeto cuadro –esto es, la obra resultante– sí habría sido expurgado de lo autorial, impuesto por el bautizo artístico del objeto en su transubstanciación hacia su estatus como «obra de arte original».

Tenemos aquí descritas, por lo tanto, las dos venidas mesiánicas de Hank Herron. Como parodia y, al mismo tiempo, como desactivación delirante de la parodia, como potencia paródica y como acto contraparódico. El acto, por usar jerga aristotélica, es la contradicción misma de la potencia.

La pregunta ahora es: ¿esperamos una tercera venida de Hank Herron? ¿Habrá sucedido ya? Dicho esto, ¿cómo será (o ha sido) esa tercera venida? ¿Cuál es su sentido? Según vamos a observar –y aquí adelantamos nuestra hipótesis–, esa tercera venida va a tratar (o ha tratado, mejor dicho) de conjugar varios territorios con la intención de hallar una originalidad en lo falso, con el objetivo de alcanzar un apropiacionismo blando (fetichista) a través de lo que vamos a llamar *situacionismo low cost,* un situacionismo de bajo coste, donde se pasa del concepto de apropiación al de uso, con un lejano (desactivado) sentido situacionista cuya intención, a su vez, es hallar en la «autenticidad» un nuevo rostro. Una tercera venida de Hank Herron donde este aparece bajo la característica de un *dj* o de un remezclador cosmopolita, tratando no de cuestionar conceptos como el de originalidad o el de autenticidad, sino pretendiendo alcanzar un estado de originalidad a través de la reescritura del pasado, a través de la construcción de protocolos que no tienen como finalidad el establecimiento de un espacio de re-narración crítica, sino la búsqueda de un «éxtasis estético». Se «usa», en efecto, lo que los situacionistas denominaban *détournement* (la tergiversación) pero desactivando previa y conscientemente su fuerza crítica y colectiva. El *détournement,* como nos recuerda McKenzie Wark «trata toda la cultura como propiedad común para empezar, y manifiesta abiertamente sus derechos. Además, no la trata como bienes comunes creativos, no como riqueza de las redes, no

[15] S. Marchán Fiz, *Del arte objetual al arte del concepto,* Akal, Madrid, 2012, p. 255.

Figura 5. Frank Stella, *Empress of India,* 1965.

como cultura libre o cultura de la remezcla, sino como un espacio activo de desafío, intervención, estrategia y conflicto»[16]. Esto es lo que se diluye y desaparece en la tercera venida de Herron. Hank Herron retorna, por ejemplo, cuando entre 2003 y 2005 Bertrand Lavier realiza de nuevo réplicas de Frank Stella. Ahora bien, en este caso no se trata de falsificaciones (a lo Herron), sino de *construcciones* (en un sentido modernista) con tubos de neón cuya referencia son las pinturas de Stella.

Si en 1965 Frank Stella (figura 5) –dentro de una posición central en el mundo del arte como había caracterizado Cheryl Bernstein– presentaba su trabajo *Empress of India,* cuarenta años más tarde Bertrand Lavier reutiliza esa pieza no falsificándola pictóricamente, sino «reinventándola» a través de *Empress of India II* (figura 6).

Para llevar a cabo su obra Bertrand Lavier no utiliza pintura, sino un material diferente: neón. Si en las relaciones previas, tanto en el falso Hank Herron de Bernstein como en el posterior apropiacionismo de Sherrie Levine, observamos constantemente la tensión entre el original y la copia, en este caso, como en otros trabajos de Lavier al trabajar sobre *Dalís* o *Rothkos,* lo que pretende es un uso reactualizado de las intenciones de Stella, es decir, retrotraerse a su originalidad. Curiosamente la retórica de la crítica a la hora de enfrentarse a la obra de Lavier juega con la ambivalencia de un retorno a un modernismo (blando) como superación de la posmodernidad. Stephen Hepworth lo describe del siguiente modo: «el

[16] M. Wark, *La playa bajo la calle. La vida cotidiana y los momentos gloriosos de la Internacional Situacionista,* trad. de J. L. Piquero, Hermida, Madrid, 2018, pp. 80-81.

trabajo [de Lavier sobre Stella] brilla con una intensidad que parece dejar atrás su origen como pintura, y aún así cumple con las intenciones declaradas de Stella. Lavier ha renovado el entusiasmo juvenil de un artista radical con la electricidad y el ingenio»[17]. Ni tensión con el original, ni apropiación, ni falsificación, sino palabras de otra época: intensidad, origen, intención declarada, entusiasmo, ingenio... todas ellas palabras más propias del lenguaje kantiano de lo sublime. En el otro punto del arco crítico encontramos a Nicolas Bourriaud, quien ha señalado que en esta nueva visión de Stella no estamos ante un arte de la cita de tipo posmoderno, sino que «su relación con la historia del arte no implica una ideología de la propiedad de los signos, sino una cultura del uso de las formas y su puesta en común»[18]. He aquí la tercera venida de Hank Herron: como una ideología modernista del uso (y sus formas). No se trata, dice, de falsificar, ni de apropiarse, ni de citar *Stellas,* sino de *usar Stellas.* No obstante, se aplica una noción de *uso* completamente alejada del modelo situacionista, cuyo objetivo no era otro que *realizar* el arte, es decir, producir una acción de transformación de la experiencia (y los deseos) de la vida cotidiana. Esta noción de *uso* se vacía a favor de un uso blando y sin otro fin que el pleno ensimismamiento *cool.* De este modo, se establece una mutación en su forma genealógica. No obstante, aceptando la muy cuestionable idea de Bourriaud de que falsificar no es usar, la pregunta será necesariamente la siguiente: ¿para qué? Todo uso tiene un destino y un fin. Bourriaud parece no responder. No hay respuesta, o sí la hay, pero su banalidad (y su delirio) es importante: vender originalidad. «Usar» para producir –paradójicamente– valor de cambio/exposición. Un mercado global necesita transoriginalidad, es decir, originalidad que valga para cualquier cultura, en cualquier lugar, en cualquier momento. Sin embargo, la autenticidad así como la originalidad son conceptos modernos asumidos tan solo por cierta retórica *kitsch,* ¿cómo superar entonces este escollo? Simple (en apariencia): hablar de una «modernidad alterna-

---

[17] Disponible en [http://www.bloombergspace.com/archive/2006_23_essay.html].

[18] N. Bourriaud, *Radicante,* trad. de M. Guillemont, Adriana Hidalgo editora, Buenos Aires, 2009, p. 196. Es decir, según Bourriaud no podríamos situar el trabajo de Lavier en la línea de los trabajos de Dan Flavin sobre Tatlin, por ejemplo, ya que Flavin no usa a Tatlin.

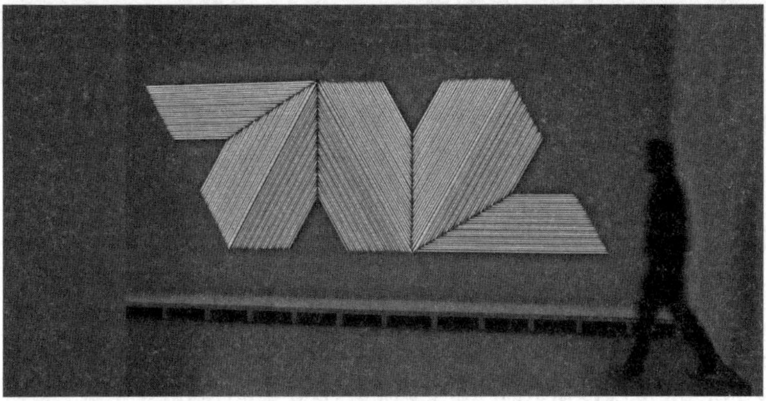

Figura 6. Bertrand Lavier, *Empress of India II,* 2005.

tiva»[19] para los tiempos globalizados (donde mezcla globalización cultural y globalización económica), pero una modernidad *otra* que no abandona su nostalgia posmoderna, ni su profundo –como trataremos de mostrar– interés comercial. Esa es la apuesta de Bourriaud, una apuesta que, como él mismo acepta, supone una vuelta «a la lucha de Manet y Pisarro», una lucha que, según afirma, parece «más actual que nunca»[20].

Detengámonos un instante en este punto. ¿Manet? ¿Pisarro? ¿Qué Manet? ¿Qué Pisarro? Las propuestas tipo Bourriaud no discurren entonces simplemente –o únicamente–, tal como se presupone, por el camino que va del *ready-made* al apropiacionismo (y de ahí al postapropiacionismo y a la postproducción), sino que remiten a un antecedente de estos medios: el uso modernista de la pintura. Expresado en otros términos: su referente no es Duchamp en sentido fundamentador, sino Manet; ese Manet al que también entronizó Greenberg en la década de los sesenta en «La pintura moderna» como «el primer artista moderno». Aunque desde lecturas diferentes (y quizá con objetivos diferentes), tanto para Greenberg como para Bourriaud, Manet es el referente clave en sus formas de leer la modernidad. El propio Bourriaud lo reconoce: «Ir al motivo,

[19] Concepto del que Bourriaud se apropia (o usa) y que ya desde los años ochenta del siglo XX era de uso común entre teóricos como Arjun Appadurai, Néstor García Canclini y otros.

[20] N. Bourriaud, *Radicante, op. cit.,* p. 67.

como lo hicieron los impresionistas en su tiempo, es hoy en día entrar en el motivo y evolucionar según sus ritmos»[21]. No es la *Fuente* sino *Olimpia* lo que parece estar detrás (aunque Duchamp siempre sobrevuele) de sus intenciones. Pero un impresionismo y un Manet (y por extensión una modernidad) re-inventados para la ocasión, transformados en atrezo, diseñados como puro decorado seudonarrativo. En Manet, el Manet por ejemplo previo al impresionismo, hay una intención directa de uso de la historia del arte y una, igualmente, intensa confrontación con el presente que pretende reflejar en su obra. El Manet de la década de los sesenta del siglo XIX es de una complejidad difícilmente abordable desde la simplicidad argumentativa del historicismo. Como bien supo demostrar Michael Fried, por otra parte discípulo de Greenberg de quien en este caso se desliga, en su magnífico *La modernidad de Manet*[22], donde denuncia, precisamente, el modo en el que la historia, o cierta historiografía, ha construido un Manet en conexión con el impresionismo, obviando el contexto que dio pie a la modernidad compleja de Manet, que es muy diferente. De la misma manera, podríamos señalar que existe una tensión formal con la tradición y una tensión política con los procesos del momento. Esta es una de las cualidades esenciales de la modernidad: su doble movimiento (no exento de problemas) hacia dentro y hacia fuera. Un doble movimiento que las vanguardias asumieron de un modo radical, teniendo su mayor acto de tensión en el dadaísmo. Una tensión, eso sí, que Bourriaud tiende a eliminar de su concepto de modernidad.

Bourriaud, en este mismo contexto, apunta hacia el hecho de que el artista *radicante*[23] de hoy extrae del tiempo (y del espacio) las obras, dinamizando el pasado (entendido este como mera imagen formal o, incluso, superficial) para reinsertarlo en un presente donde son las relaciones sociales y un exotismo compulsivo (tomado todo ello como mercancía exponible) lo que impera. La *altermodernidad* de Bourriaud, como veremos posteriormente, se cifra en función de un traslado. Si la modernidad (la modernidad tal como

---

[21] *Ibid.,* p. 110.

[22] M. Fried, *La modernidad de Manet: o la superficie de la pintura en la década de 1860,* trad. de A. Bozal, Antonio Machado Libros, Madrid, 2015.

[23] Término que Bourriaud emplea para referirse a un nuevo tipo de artista sin raíz y que se extiende por el mundo usando y traduciendo otras culturas. Sobre este tema volveremos en el capítulo IV, «El retorno (fetichista) de lo moderno».

la entiende Bourriaud, como una especie de parque temático «de lo formal») de los siglos XIX y XX se fundamentaba, aunque no exclusivamente, en el desarrollo industrial, esta modernidad –ahora– se construye a partir de la tecnología y del desarrollo de las redes; del «colectivismo» que pone sobre la mesa internet, así como de lo que denomina «comunismo formal» *[sic]*.

En un intento de conexión similar con el impresionismo (que esconde un retorno a un concepto de modernidad difuso y mitologizado torpemente, desde mi punto vista) encontramos la idea que expone Kenneth Goldsmith, quien afirma que el escritor/artista de hoy, debido al desarrollo tecnológico, se encuentra en una situación análoga a la que se encontraba el pintor impresionista del siglo XIX. Al toparse con la fotografía –señala Goldsmith– el pintor impresionista (y postimpresionista) habría tendido *de un modo natural* hacia una nueva forma de usar el color y, por extensión, hacia la abstracción, en tanto que la fotografía de pronto oficiaba una nueva y más directa relación con lo real. Esta simplificación de lo moderno (donde el uso del término *impresionismo* así como del concepto *fotografía* componen un magma indefinido) tiene como objetivo componer una narración ordenada y unidimensional de ese tránsito supuestamente *natural* hacia el nuevo uso del color. Esta parece la forma de Goldsmith para legitimar su propia posición en el marco de las nuevas tecnologías, por ejemplo. Dicho en otros términos: remite a un solo motivo (a modo de principio unificador) el traslado progresivo de los pintores hacia la abstracción, facilitando de esta manera la adaptación, la analogía y la aplicación de fórmulas de emparentamiento con el presente. El contexto sociopolítico, e incluso cultural en un sentido amplio, es eliminado en estos análisis, mientras que las ideas y los artistas del pasado parecen flotar en un espacio vacío e indefinido, purificado de asperezas y pleno de formas. Es decir, se diluye por simplificación –a través de la nostalgia de una modernidad causal asentada por un posterior delirio– la alta complejidad de los procesos de transformación modernos. La deshistorización de esos procesos (y de las diversas reconfiguraciones de la representación que se dan a lo largo del siglo XIX) permite, a su vez, la apropiación de una modernidad aplicable a cualquier caso o modelo[24].

---

[24] Cfr. K. Goldsmith, *Uncreative writing. Managing Language in the Digital Age,* Columbia University Press, Nueva York, 2011, pp. 14 y ss.

El propio trabajo de Goldsmith en torno a la red, donde lo no-creativo adquiere un estatus similar al concepto de originalidad modernista cuestionado por Duchamp, es muestra de este juego acrítico de la deshistorización. Quizá por ello se muestra como un claro modelo de eso que denominamos *fetichización de la experimentación,* producto lógico de esa *alta cultura descafeinada* que tratamos de pensar.

Esta «modernidad», en efecto, que retorna –filtrada por una posmodernidad de bajo coste– provoca un estado consensual que genera obras plenamente vacías de trasfondo, sustentadas tan solo por un gesto –pero solo un gesto, es decir, un efecto– experimental, que incluso pretende recuperar antiguas nociones. O dicho de otra forma: tendríamos una situación de vanguardismo que rechaza toda posibilidad de ser proyecto de vanguardia. Es decir, tendríamos la *simulación* de un gesto (pero que a su vez rechaza ese *gesto de nada*).

Un caso. El ya citado Bertrand Lavier co-comisarió la exposición *Voilà. Le monde dans la tête,* cuyo objetivo era la acumulación de imágenes como retrato de un siglo. En dicha exposición, Lavier presentó *Bertrand Lavier presenta la pintura de los Martin 1900-2000.* Lavier llenó una sala entera con el trabajo de 56 artistas cuyo único vínculo entre sí era el apellido «Martin», uno de los más comunes en Francia. En este sentido, tomando estrategias apropiacionistas lleva estas a la domesticación lúdica (y esteticista) mediante un ejercicio de *dj.* Como analizaremos más adelante, lo que se activa en estos casos de *deejaying* es un gesto dadá o situacionista pero que desactiva (en su simple mostrarse como forma y gesto) la presencia o consecuencia crítica de ese acto. De este modo se termina por forzar una situación puramente banal y, en la misma medida, estricta y conservadoramente formal en tanto que el deleite estético se impone a la «anestesia estética» que, según Duchamp, debía ser el principio crítico y vertebrador del *ready-made.* Podríamos resumir diciendo que «pretende jugar con las formas y con los productos del imaginario social en vez de llevar a cabo su desmitificación»[25]. En este caso, el *dj* es un productor de formas interminables, o mejor, un compulsivo archivador de formas.

---

[25] J. Rancière, *El destino de las imágenes,* trad. de P. Bustinduy Amador, Politopías, Pontevedra, 2011, p. 46.

Bourriaud, sobre el que volveremos en distintas ocasiones, es quizá el modelo teórico de lo que vamos a denominar *alta cultura descafeinada*. Bourriaud, a través de trabajos como *Estética relacional, Postproducción* o *Radicante,* todos ellos conectados de un modo u otro con su posición como comisario estrella de exposiciones, ha logrado transformar el escenario de las artes no solo visuales, sino que también (y he aquí lo sorprendente) se ha introducido de un modo impactante –sin pretenderlo él y quizá por el despiste de determinados escritores– en el marco de la literatura, donde ha ejercido una notable influencia (al menos en España). En cualquier caso, ha alcanzado la construcción de un paradigma teórico (de bajo coste) con el fin de promocionar a sus artistas. Y en este sentido, su posicionamiento parte igualmente del hecho de constituirse, desde el principio, como una operación de mercado creada por una institución y con fines institucionales. Y es esto lo que en ocasiones se obvia y en otras se acepta abiertamente. El discurso, en cualquier caso, que envuelve toda esa operación va desde una vaga idea de *superación* de la posmodernidad hasta –curiosamente– un retorno a las operaciones del modernismo (Manet-Pisarro) que delatarán un fuerte sentido –paradójico– de nostalgia de esa posmodernidad rechazada. Un giro delirante que trae consigo un marcado *nuevo formalismo* –entendido este como el retorno de las líneas formalistas de la purificación del medio de origen greenbergiano– basado en una concepción desactivada y conservadora de la apropiación. Todo ello desde un peculiar encaje genealógico que lleva a Bourriaud a una extravagante (o, tal vez, poco fundamentada) pirueta historiográfica donde «Seurat [es quien] anticipa el píxel»[26]. Aquí Bourriaud, a su vez, parece apropiarse –sin citarlo– de las ideas del teórico y crítico de arte Donald Kuspit quien, en un breve texto titulado «Del arte analógico al arte digital», trataba de establecer tal genealogía modernista para justificar determinado arte (un arte «de verdad» desde su punto de vista) en el marco de las nuevas tecnologías. Es decir, pretende Kuspit construir una lógica discursiva que muestre una unidad procesual capaz de conectar, de una forma historicista, el impresionismo de Seurat con determinadas formas del arte digital. Por ello, apunta: «la idea que quiero presentar aquí es que las llamativas manchas de Manet son los prototipos primitivos

[26] N. Bourriaud, *Radicante, op. cit.*, p. 109.

de la sofisticación matemática de los píxeles». Aunque al instante considera Kuspit que el «siguiente paso crucial en el desarrollo de las sensaciones digitalizadas a las que llamamos píxeles son los vibrantes puntos de color de *Una tarde de domingo en la Isla de La Grande Jatte* (1884-1886), de Seurat. En efecto, en mi opinión, el puntillismo de Seurat le convierte en el primer artista digital»[27]. El propio Kuspit sostiene que esta relación se basa única y exclusivamente en el aspecto formal/sensorial y que, por tanto, se construye desde una postura formalista (acontextual), lineal, desproblematizadora, que meramente busca una conexión genealógica (a modo de álbum de cromos) que justifique el sentido de artisticidad del arte digital. El arte digital es arte, viene a decirnos Kuspit, en tanto en cuanto fluctúa en el marco de sensaciones –superficiales– dispuesto cien años antes por el impresionismo. Podríamos decir que para Kuspit la única variación se halla en el soporte, mientras que la forma sería la misma y, por lo tanto, se da una estrecha relación visual. En este sentido, lo formal obtura toda salida o lectura contextual, y que en el caso de Seurat (como en el de los impresionistas en general) es central. Bourriaud, como veremos, inserta en esta línea su *(nuevo) formalismo* vehiculado a través del uso de las formas. Un uso de las formas que no cuestiona ni esas formas ni los límites del arte, sino que apuesta por un modesto acto de «disfrute» formal.

Goldsmith, Bourriuad, Kuspit, entre otros, disponen un mapa de la modernidad visualizado (unidimensionalmente, bajo el esquema simplificador de una causa, un efecto) como espacio sin complejidad, construido por imágenes sensibles, fácilmente manipulables, donde lo político o las tensiones con la cultura de masas son obviadas, desconectadas, desactivadas. Es decir, diseñan una modernidad autocomplaciente y empaquetada, pero al mismo tiempo útil para sus intenciones. Se esboza así un *sentido patológico del delirio* a partir del propio concepto de modernidad, tal como antes señalábamos. Sin embargo, la modernidad –y esto parece olvidarse– fue más destructiva (y mucho más compleja) que constructiva (y simplificadora). La modernidad mostró su efectividad de un

---

[27] D. Kuspit, «Del arte analógico al arte digital. De la representación de los objetos a la codificación de las sensaciones», en D. Kuspit (ed.), *Arte digital y videoarte. Transgrediendo los límites de la representación,* trad. de M. Caro, Círculo de Bellas Artes, Madrid, 2006, p. 19.

modo más elevado cuando propuso el cuestionamiento, la crítica, la destrucción que cuando diseñó fórmulas organizativas y consensuales. No cabe duda de que su fuerza destructiva ha sido en ocasiones más convincente que su capacidad constructiva[28].

Hank Herron ahora pone discos, mezcla pistas creadas por otros, escribe sobre escenarios, hace *copias originales* («*remakes* originales», dirá Andreas Huyssen)... todo ello no con el objetivo de cuestionar el concepto mismo de autoría, por ejemplo, sino con el propósito de producir una forma original, e incluso una forma de originareidad primitivista/radicante a lo Gauguin. Ahora Herron pretende igualmente crear un discurso/sentimiento romántico a partir de una apropiación; esto es, trata de partir de lo que podríamos definir como una *epifanía moderna.* Propone, de este modo, un extraño modelo de retorno a una modernidad no solo de las formas, sino de los usos, lo cual engendra problemas ya que los «usos» acaban –lo quiera o no– trasformados en formas (y, por extensión, en valores de cambio/exposición) si el objetivo es mostrarse como «usos» fuera de toda raíz, como «usos» originales que rechazan la preexistencia de un contexto, y que se constituyen como mercancía/fetiche, de la cual a su vez estas obras son epítome más que una crítica. O, dicho de otro modo, y retomando la imagen de Cheryl Bernstein: Hank Herron ahora copia/usa *Stellas* creyendo ser original; pretendiendo retrotraerse ingeniosamente a la originareidad de Stella (obviando, a su vez, todo contexto). Leamos cómo Bourriaud escenifica ese *nuevo formalismo:* «Moviéndose [el artista de la postproducción] en un universo de productos en venta, de formas preexistentes, de señales ya emitidas, edificios ya construidos, itinerarios marcados por sus antecesores, ya no consideran el campo artístico [...] como un museo que contiene obras

[28] Perry Anderson, en *Campos de batalla,* apunta un interesente modelo triangular a la hora de pensar los ejes que impulsaron el modernismo: a) un academicismo en las artes marcadamente institucional; b) la pujanza de un contexto cultural marcado por las nuevas tecnologías en avance; y c) una consciente proximidad (aunque sea imaginada) de revolución social. A su vez, claro está, cada uno de estos factores incluyen sus propias y densas ramificaciones. Tras la Segunda Guerra Mundial este eje triangular se modifica con la fuerza del nuevo espíritu del capitalismo, diluyéndose la capacidad transformadora de esa modernidad. Véase P. Anderson, *Campos de batalla,* trad. de M. Holguín, Anagrama, Barcelona, 1998, pp. 63 y ss.

que sería preciso citar o "superar" [...] sino como otros tantos negocios repletos de herramientas que se pueden utilizar»[29]. «Moverse», «productos», «formas»... todo ello implica una visión del museo no como algo a cuestionar (con toda su tradición de formas e imposiciones), sino como un destino turístico, como un *negocio repleto de herramientas.* A su vez, como hemos comentado –y esto es algo sobre lo que el propio crítico insiste–, la finalidad del artista de la postproducción «no es cuestionar los límites del arte», sino utilizar «formas que sirvieron en los años sesenta para investigar esos límites, pero con el fin de producir efectos completamente diferentes»[30]. He ahí la finalidad de la postproducción. He ahí lo que podemos denominar el manierismo del uso (y del museo): producir efectos de superficie donde el efecto sea el fin en sí mismo. ¿Qué efectos? Efectos lúdicos, epifánicos, cuasirrománticos basados en un apropiacionismo consuensual. No se pretende una visión de lo lúdico donde el juego adquiera la forma de un cortocircuito temporal y espacial del flujo capitalista, o al menos, la visibilización de su poder. Al contrario, se trata de un juego que anestesia cualquier otro impulso. Se trata de un formalismo que desactiva las herramientas dadás, situacionistas y conceptuales de los años sesenta, con el fin de reactivarlas bajo la forma única del efecto. Es por ello que, al mismo tiempo, se diseña un concepto de lo político para hacer de lo político algo banal. O dicho en otros términos: «Aprender a servirse de las formas, a lo cual nos invitan los artistas de los que hablaremos, es ante todo saber *apropiárselas* y habitarlas»[31]. Habitarlas, tomarlas no para establecer una fractura, no para cuestionar límites, sino para construirse como efecto superficial/improductivo socialmente dentro de esos límites. «La postproducción es la forma contemporánea de ese juego»[32].

Si trazamos una simple genealogía, no deja de ser curioso el azaroso vínculo que se establece en esta tercera venida de Hank Herron entre lo mencionado y las propuestas –por ejemplo– del abate Du Bos quien, en 1719, en sus *Reflexiones críticas sobre la*

[29] N. Bourriaud, *Postproducción. La cultura como escenario: modos en que el arte reprograma el mundo contemporáneo,* trad. de S. Mattoni, Adriana Hidalgo editora, Buenos Aires, 2007, pp. 13-14.

[30] *Ibid.*, p. 14.

[31] *Ibid.*

[32] *Ibid.*, p. 15.

Figura 7. ¿Usos situacionistas por parte de El Corte Inglés?

poesía y sobre la pintura, escribía: «La copia del objeto debe, por decirlo así, excitar en nosotros una copia de la pasión que el objeto había excitado»[33]. Es, en fin, el retorno pasional (y apasionado) de la copia no un cuestionamiento de la originalidad ni de la autoría. Utilizando lenguaje típicamente benjaminiano: ahora el «artista Herron» cree en lo aurático dentro de una comunidad que ya no cree en el aura de la obra de arte porque el aura se ha trasladado de la obra a las relaciones sociales, instalándose entre las políticas del arte y, por lo tanto, el aura ahora –y no solo ahora– está en las posibilidades del mercado, de los medios de comunicación y de la institución. El aura, como aventuró Benjamin, se transforma en «encanto postizo y glamuroso». La postproducción, o determinada conceptualización de la técnica del *sampleado,* por ejemplo, serán algunos de sus modos. Dicho desde otro ángulo: si el *ready-made* nace como vanguardia negativa –como cuestionamiento de

[33] J.-B. Du bos, *Reflexiones críticas sobre la poesía y sobre la pintura,* trad. de J. Monter Pérez, ed. de R. Piñero Moral, Universidad de Valencia, Valencia, 2007, p. 42.

Figura 8. Maria Konstantinova, *K. M. M. K.,* 1990.

los límites semánticos y mercantiles de la obra de arte– su última resurrección se ofrece como vanguardia afirmativa, consensual, democrática, tolerante, cuyo fin no es otro que «hacer pasar un buen rato»... ¿Qué son *Las Meninas* sino *usadas* al estilo Bourriaud en una campaña de El Corte Inglés (figura 7) donde se nos dice «Bienvenido donde comprar es un arte»? La capacidad de *tergiversación* del neoliberalismo no puede dejar de asombrarnos, y su indistinción teórica con estos modelos es más que llamativa.

O, yendo hacia el ámbito de las vanguardias, ¿qué ocurre con una obra de referencia como el *Cuadrado negro* de Malevich? Sus apropiaciones han sido varias (figura 8). Sin embargo, «protegido por el reconocimiento del mercado y el éxito financiero, el cuadrado ha alcanzado una cómoda vejez. Concebido durante la agitación revolucionaria de Rusia a comienzos del siglo [XX], su destino, irónicamente, es el de haberse convertido en el logotipo reconocido de la *high culture* de finales de siglo»[34].

[34] S. Buck-Morss, *Mundo soñado y catástrofe. La desaparición de la utopía de masas en el Este y el Oeste,* trad. de R. Ibáñez Ibáñez, Antonio Machado Libros, Madrid, 2004, p. 115.

Un breve paréntesis. El novelista Jonathan Lethem en su ensayo *The ecstasy of influence: A Plagiarism* (fantástico texto cuyo premisa mayor es –al igual que en el caso Herron– la negación absoluta de la originalidad como punto de partida para el artista) distingue –no sin matices de ingenuidad– entre una economía del mercado y una economía del regalo. De este modo –quizá con cierta ironía– apuntaba: «si acierto al decir que donde no hay regalo no hay arte, entonces es posible destruir una obra al convertirla en pura mercancía. No sostengo que el arte no pueda ser vendido o comprado, pero sí que la parte de regalo que hay en la obra impone una restricción a nuestro mercadeo. Esta es la razón por la cual incluso un anuncio muy bello, ingenioso y lleno de poder (de los que hay muchos) nunca podrá ser un tipo real de arte: un anuncio no tiene estatus de regalo, es decir, nunca es *para* la persona a la que está dirigido»[35]. Sin embargo, como pudo haber intuido el propio Lethem, la economía del mercado, en ocasiones, se instaura –paradójicamente– como maquinaria del *don o del regalo artístico*[36]. Y en este sentido, las palabras de Thomas McEvilley son reveladoras y complementan perfectamente las anteriores, es decir, las llevan más lejos: «Por ejemplo, una sociedad que tiene mucha excelencia artística es normalmente una sociedad con mucha riqueza excedente. En una situación así, una clase dirigente ha desviado riqueza excedente de la comunidad como un todo y la ha canalizado hacia la producción artística. El propósito no es solo gratificar el amor de lo bello, sino también ocultar la dinámica de clases de la situación bajo un deslumbrante barniz de belleza cultural. Este barniz sirve para justificar el privilegio de la clase acomodada y distraer la atención de la situación, fundamentalmente de explotación, subyacente. Si estos acaudalados son tan sensibles y etéreos como para amar la producción de valor artístico –se supone que uno ha de pensar–, no podrían ser mezquinos bastardos implicados en la explotación clasista»[37]. Hacia lo que apunta con certeza McEvilley es hacia la conexión precisa que existe entre determina-

---

[35] Disponible en [http://harpers.org/archive/2007/02/0081387].

[36] En cualquier caso, está claro que la apuesta situacionista fue una apuesta por un arte entendido como creación de comunidad (lo que en el fondo anulaba la forma propia del arte), configurando un arte y una política de la donación.

[37] Th. McEvilley, «Aquí llegan todos», en Th. McEvilley, *De la ruptura al «cul de sac», op. cit.*, p. 194.

da forma de entender este entretenimiento *cool* del apropiacionismo lúdico y la forma en la que el activismo cultural neoliberal ha proyectado sus deseos de contemporaneidad. El actual activismo cultural de corte neoliberal ha jugado a desarrollar formas de maquillaje donde la finalidad de la obra apropiacionista era *esa misma obra,* sin afección, sin problematización. El *barniz* no solo apunta hacia una manera de *hacer ver* un posicionamiento cultural «avanzado» por las políticas conservadoras, sino que el *barniz* es en sí mismo, como *parergon,* lo que da sentido a sus políticas culturales conservadoras. No solo eso, sino que la supuesta *indignación,* entregada por los medios de comunicación al público en general con respecto al arte contemporáneo forma parte de este consenso. Se necesita en cada feria de arte una obra que juegue con los límites especulativos de lo indignante para mantener el lógico equilibrio político-cultural. Cerramos paréntesis.

Expuesto todo lo anterior, el tema ahora es el siguiente: ¿qué ocurre cuando la falsificación se muestra como originalidad, cuando la apropiación se torna simple y llanamente en un fetiche destinado al *entretenimiento cool,* cuando denota una fuerte nostalgia? O dicho de otro modo: ¿qué ocurre cuando Hank Herron trabaja para El Corte Inglés, o pretende llegar a consensos, o muta en dinamizador de grupos o escribe sobre escenarios? Si ya no es posible una parodia de la falsificación a la manera de Cheryl Bernstein, pero tampoco aceptamos el aspecto apropiacionista del arte posmoderno, ¿qué hacer? Dicho de otro modo: si la originalidad en su esencia «teológica» no es un valor a tener en cuenta (o eso parecía), pero tampoco lo es el apropiacionismo como discurso crítico, ¿qué ocurre? La respuesta puede parecer sencilla: la puesta en obra. Pero no la puesta en obra de la verdad, *a lo* Heidegger, sino la puesta en obra de lo social como espacio de uso (en el marco de lo institucional). *¿Usar Stellas?* Esa sería una salida *altermoderna.*

La *alta cultura descafeinada* es, en efecto, la cultura que opera en esta aparente disolución de la posmodernidad a través de lo que se ha denominado *nostalgia de la posmodernidad,* pero al mismo tiempo lo hace desde una peregrina nostalgia (moderna) de originalidad (cuyo objetivo no negado, así lo leemos en varios lugares, es su afán «reapasionador») que se alía –de forma efectiva– con su perspectiva mercantil. Así, hallamos que se pretende otorgar «un valor positivo al *remake,* articular usos, poner en relación formas»[38]. Es decir, positivar –volver creativo– un acto como el apropiacionista (lo que implica en buena medida su desactivación); un acto que ahora se diseña en función de las formas, con un fin puramente esteticista, epifánico, exhibicionista, lúdico, similar en muchos aspectos al apropiacionismo de la publicidad y de los medios de comunicación. En esa indiscernibilidad hay un problema importante, desde mi punto de vista. Decir esto invita a desarrollar la «paradoja situacionista». Dicha paradoja nos dice que si el situacionismo tenía entre sus estrategias la tergiversación de los medios de comunicación, son estos, ahora, sin embargo, los que partiendo de la desactivación del aspecto político del situacionismo lo tergiversan al transformarlo en estilo. Estrategia esta compartida por una serie de artistas actuales, como analizaremos más adelante. Tenemos, por tanto, una situación de vanguardismo –entendido este como estilo– que elimina todo proyecto de crítica tanto de las prácticas como de las instituciones artísticas[39]. Por ello, podemos apuntar que «convertidos en tabú para el arte posmoderno, valores como la autenticidad, la originalidad y la singularidad pueden retornar como propiedades de sitios que a los artistas se les pide que definan o embellezcan»[40], pueden retornar como formas, como ejercicios de estilo lingüístico. Es este el sentido «peligroso» que insinuaba Hal Foster («El artista como etnógrafo») al hablar de un rearme fetichista del pasado. Pero pongamos un ejemplo simple para ir cerrando: si nos fijamos en el

---

[38] N. Bourriaud, *Postproducción, op. cit.,* p. 49.

[39] En este punto no podemos seguir, evidentemente, las ideas apuntadas por Bürger, Enzenberger e incluso Huyssen, para quienes la neovanguardia supuso una parodia hueca de las vanguardias históricas. Muy al contrario, partimos de la idea que apunta Hal Foster, según el cual para «los artistas de la vanguardia más aguda tales como Duchamp, el objetivo no es ni una negación abstracta del arte ni una reconciliación romántica con la vida, sino un continuo examen de las convenciones de ambos». A lo que más adelante añade la problemática dialéctica entre vanguardia y neovanguardia: «si la vanguardia histórica se centra en lo convencional, la neovangaurdia se concentra en lo institucional», H. Foster, *El retorno de lo real,* trad. de A. Brotons Muñoz, Akal, Madrid, 2001, pp. 18-19. Para una revisión del problema de la dialéctica vanguardia-neovanguardia, léase de V. del Río, «El concepto de neovanguardia en el origen de las teorías del arte postmoderno», en VVAA, *Octavas falsas. Materiales de arte y estética 2,* Luso-Española de Ediciones, Salamanca, 2006, pp. 111-142.

[40] H. Foster, *El retorno de lo real, op. cit.,* p. 201.

Festival del Plagio celebrado en Glasgow, San Francisco y Berlín en 1988, en cada uno de estos casos se exaltaba el plagio como un reto frente al capitalismo, frente a las pesadas nociones modernistas de originalidad y de autoría[41]. Sin embargo, el plagio parece transformarse ahora, en manos de este situacionismo de baja intensidad, a partir de un giro de aclimatación al presente económico, en un gesto teñido, precisamente, de originalidad, de autenticidad. Hablamos así de un *desplazamiento* (sobre todo en el marco digital y en manos de los *mediófilos*) que traslada a un territorio esteticista el proceso de apropiación. La imagen apropiada se convierte en fin en sí mismo, a modo de fórmula puramente representacional o con la finalidad de embellecer lo «retratado»[42].

Este retorno a una *extraña vuelta a la originalidad* (de la que hablaba el abate Du bos) *como valor nostálgico* es rastreable en diversos autores[43]. Hacia finales del siglo XIX, el crítico de arte Octave

---

[41] Véase al respecto [http://www.stewarthomesociety.org/features/festplag4.htm]. Asimismo, relacionado con el Festival del Plagio, S. Home, *Plagiarism: Art as Commedity and Strategies for Its Negation,* Aporia, Londres, 1987; E. Baxter, «A footnote to the Festival of Plagiarism», *Variant 5,* verano-otoño de 1988, pp. 26-30; y M. Randall, *Pragmatic Plagiarism: Authorship, Profit and Power,* University of Toronto Press, 2001, pp. 230 y ss. Sadie Plant en su libro sobre el situacionismo detecta este festival como lugar importante: «Desafiando todas las convenciones de identidad y originalidad y la naturaleza misma de la producción cultural, el proyecto Praxis convocó un Festival del Plagio que reelaboró el concepto situacionista del *détournement* y desafió a la hipocresía de las distinciones propias del arte culto entre el plagio y el desarrollo evolutivo de técnicas e ideas. El plagio, escribió el crítico y activista Stewart Home, "ahorra tiempo y esfuerzos, mejora los resultados y muestra una iniciativa considerable por el plagario individual. Como herramienta revolucionaria se adapta perfectamente a las necesidades del siglo XX"», en S. Plant, *El gesto más radical, op. cit.,* p. 274.

[42] Sobre este proceso, por ejemplo, ha hablado Juan Martín Prada, apuntando lo siguiente: «el *remake* posmoderno contenía un cierto punto de negatividad, rechazando el carácter valioso y subversivo de conceptos como "originalidad", "autenticidad" o "expresión", la virtualidad de lo digital reorienta la práctica apropiacionista hacia un marco cargado de positividad». Añade: «Como hemos visto, más que la distorsión de los originales, los nuevos apropiacionismos en línea exploran los procesos de su posible traducción mediática. Más que la resituación de la mirada del espectador frente a la obra apropiada, se trata de modificar las relaciones agenciales respecto a una producción alternativa del original». J. Martín Prada, *Prácticas artísticas e internet en la época de las redes sociales,* Akal, Madrid, 2012, p. 189.

[43] Jorge Carrión expone claramente esta situación en la cual el *uso,* de base bourriaudiana, se torna nostálgico: «El éxito del *remake* estriba en borrar el original o, al menos, en hacerlo invisible tras un artefacto de desvíos». Y unas líneas más tarde apunta: «la reescritura explícita de un texto anterior, de un original posible, supone al

Mirbeau, frente a unas copias que le dejaron fascinado, señaló: «uno no debería hablar de copias al referirse a estas imponentes recreaciones. Son, más que eso, interpretaciones con las que el pintor logra recrear la obra de otros y *hacerla suya*»[44]. Eloy Fernández Porta, más de un siglo después, lo describe de modo análogo en *Homo Sampler*: «la resistencia a reconocer la originalidad del *sampleador* es un prejuicio premoderno [...], sobre todo lo que el *sampleador hace suyo* no es un fragmento ajeno, sino un instante que le había sido robado»[45]. Lo que se está reclamando aquí, pues, es una forma de propiedad en lugar de su propio cuestionamiento. Este marcado retorno a un esencialismo cuasipoético/modernista (ese concepto de *instante* que se repite y esa retórica del *hacer suyo* tiene mucho de espiritualista) de la copia es señal inequívoca de lo que *ahora,* como fuga, proponen algunos autores que se acercan, aunque no lo pretendan quizá, a un renovado y delirante apropiacionismo formalista. Si bien tal vez sea eso, curiosamente, lo que pretendan. En una entrevista, el propio Fernández Porta reconocía esa ascendencia formalista: «Como los viejos formalistas, creo que no hay nada más claro que la obra; los comentarios subsiguientes son una extensión o una deriva creativa, no una "explicación"»[46]. De esta manera, en alianza con la estrategia del *sampleador,* se pretende huir de nociones posmodernas como *pastiche,* cita o copia, en tanto que –como apunta Reinaldo Laddaga– pueden entenderse como *insuficiencias del posmodernismo.* Sin embargo, para preparar su huida estos autores sitúan como opuestos (incluso como rivales) conceptos tales como los de uso, reconstrucción y fragmento, conceptos, asimismo, deudores de su ascendente posmoderno. ¿Puede entonces realmente salirse de la posmodernidad con el *uso* de estos conceptos? No es creíble más allá de un juego de malabares conceptual (propiamente posmoderno, o nostálgicamente posmoderno).

---

cabo un ejercicio de resurrección motivado por el romanticismo. [...] La nostalgia [...] es la espina dorsal del *remake*». J. Carrión, *Teleshakespeare,* Errate Naturae, Madrid, 2011.

[44] Cit. en H. Schawrtz, *La cultura de la copia. Parecidos sorprendentes. Facsímiles insólitos,* trad. de M. Talens, Cátedra/Frónesis, Madrid, 1998, pp. 257-258.

[45] E. Fernández Porta, *Homo Sampler. Tiempo y consumo en la era Afterpop,* Anagrama, Barcelona, 2009.

[46] Disponible en [http://www.literaturas.com/v010/sec0812/entrevistas/entrevistas-02.html].

Al mismo tiempo, en esta idea del uso es fácilmente reconocible un desplazamiento del concepto de propiedad, no su cuestionamiento. De esta forma el eje se traslada realmente del concepto de originalidad (concepto moderno) al de propiedad, con el que, en cualquier caso, guarda estrechas relaciones[47].

La apropiación, es cierto, puede ser entendida como un asalto al concepto de propiedad, con el fin –así lo entiende Schwartz– de recuperar lo que debería pertenecer a todos, tal como parecían dejar entrever algunos de los autores mencionados. Ahora bien, desarrollar la apropiación o el *sampling* para asentar con fuerza la estructura de la propiedad, o bien para elevar a rango más alto la originalidad, sin ninguna perspectiva crítica, es dar cabida a aquello que había sido, supuestamente, superado, o al menos puesto en cuestión. Hallamos así un retorno a la pasión de los «viejos formalistas». Este retorno (de un Herron *dj* y formalista) es visible en el trabajo de Bourriaud, sobre todo en la tensión que este señala en varias ocasiones entre determinados artistas conceptuales como Michael Asher o Hans Haacke y los artistas actuales de la postproducción. ¿Cómo justificar el activismo *low cost* de estos últimos? ¿Cómo pasar sin problema de la crítica institucional de los primeros[48] –la

---

[47] Podemos situar enfrente un típico modelo posmoderno del uso y tratar de ver la conexión: «Cuando [Malcolm McLaren] decidió hacer un disco por su cuenta, transformó el estudio en una ensalada cultural global. Sus ingredientes principales eran grabaciones de cantantes zulúes de Sudáfrica y de música tradicional interpretada por los Hilltoppers de Tennessee. Sus condimentos fueron un tambor electrónico y montones de discos de todas las clases imaginables: jazz, aerobics, rock duro, poesía india. Dos pinchadiscos jóvenes y totalmente desprejuiciados del sur del Bronx, The World's Famous Supreme Team, fueron contratados para realizar la mezcla: arañaron y rasgaron [...] extrayendo de la mezcla un suculento fruto. Del estudio de grabación salió un tema vibrante y alucinante [...]. ¿Quién era el autor del disco? ¿McLaren? ¿The World's Famous Supreme Team? ¿Ambos, o acaso ninguno? Casi toda la música era un reciclado de la de otros. ¿Qué decir, entonces, del coro zulú, o del cantante de setenta y dos años de los Hilltoppers? ¿No podían ser ellos los genuinos y auténticos creadores, ellos los garantes de la autenticidad y originalidad de "Buffalo Gals"? Lo cierto es que no. Pues su música, junto con un montón de otros discos de todo el mundo, no era sino uno de los componentes de una mezcla novedosa, de características sin precedentes. Por lo demás, la música popular no conoce ni originales ni autores». L. Nittve, «Implosión. Una perspectiva posmoderna» [1987-1988], en A. Maria Guasch (ed.), *Los manifiestos del arte posmoderno, op. cit.*, pp. 204-205.

[48] Baste como ejemplo la obra de Haacke titulada *Manhattan Real Estate Holdings, a Real-Time Social System* de 1971. Tras el revuelo que causó una obra anterior,

fractura del arte como sistema con todos sus dilemas y contradicciones– a la práctica institucional de los segundos? Leamos: «Si la proliferación caótica de la producción conducía a los artistas conceptuales a la desmaterialización de la obra de arte, en los artistas de la postproducción suscita estrategias de mixtura y de combinación de productos. La superproducción ya no es vivida como un *problema,* sino como un ecosistema cultural»[49]. *Mixtura y combinación* de formas a modo de ecosistema (o mercado) legitimador de esa superproducción. Más llamativo resulta el recurso al formalismo abstracto que defiende en otros trabajos, como en «Topocrítica», donde tratando de despegarse (con argumentos vagos) del

---

MOMA-Poll, Haacke iba a llevar a cabo la exposición titulada *Hans Haacke: Sistemas,* en el Museo Guggenheim de Nueva York en abril de 1971. Seis semanas antes de su apertura, el director Thomas Messer la canceló porque Haacke se negó a retirar tres obras que incluían informes sobre los «bienes raíces» de algunos de los personajes más destacados de Nueva York (así como de su relación con el museo). Se trata de obras que incluían mapas de Manhattan que señalaban la localización de propiedades de familias y sociedades territoriales, además de fotografías de fachadas de esas propiedades con documentación que incluía detalles económicos y de posesión. En este sentido, la obra más conocida es la obra titulada *Shapolsky,* donde se detalla las propiedades que esta familia posee en Lower East Side y en Harlem, y cómo alquilaba estas propiedades en condiciones pésimas a dos de las comunidades más pobres de la ciudad, los portorriqueños y los negros. Lo que llevó a cabo Haacke fue una investigación sobre estas propiedades y lo que descubrió fue cómo estos edificios eran técnicamente propiedad de setenta empresas que se vendían e hipotecaban entre sí para aumentar beneficios y evitar impuestos, siendo Harry Shapolsky la figura clave de todo el entramado empresarial que Haacke había puesto al descubierto. Incluso, como recuerda Haacke, Shapolsky había sido procesado por sobornar a los inspectores de viviendas y aceptar pagos bajo cuerda de puertorriqueños a cambio de permitirles alquilar la propiedad. Estas obras de sistemas sociales, que vinculaban a personalidades importantes y poderosas con la negligencia administrativa y la coacción a las clases desfavorecidas, fueron demasiado para el Guggenheim. Esas piezas no solo eran políticas sino que, aún peor, amenazaban la fuente de ingresos a través de patrocinios del museo. En este sentido, Haacke deja la sospecha en el aire de un patrocinio por parte de Shapolsky al Guggenheim. Messer, el director, escribió a Haacke el 19 de marzo de 1971: «Los consejos [del Guggenheim] han establecido políticas que excluyen el compromiso activo con fines sociales o políticos. Se da por entendido que el arte puede tener *consecuencias* políticas y sociales, pero creemos que están favorecidas por la falta de dirección y la fuerza generalizada y ejemplar que pueden ejercer las obras de arte sobre el entorno y no, como propone usted, empleando medios políticos para lograr fines políticos, al margen de lo deseable que puedan parecer en sí mismos».

[49] N. Bourriaud, *Postproducción, op. cit.,* p. 52.

formalismo de Greenberg, lo repite –o poetiza– al pie de la letra, incluso aduciendo argumentos de corte historicista, como hiciera aquel. Escribe: «Una tela de Piet Mondrian me dice más sobre su tiempo *todavía hoy* que una pintura figurativa de Fougeron [...]. Y en este comienzo de los años 2000, me parece encontrar más actualidad en un walldrawing abstracto de Liam Gillick [...] que en los esfuerzos de muchos artistas por dar cuenta del mundo contemporáneo con la ayuda del vocabulario y las técnicas de la televisión o de la foto de prensa». A lo que añade: «Trabajar la forma (que se lee) en lugar del signo (que se decodifica)»[50]. En este sentido, el «imperialismo del lenguaje», del que habla Etienne B. Gilman, se transforma, en el fondo, en «imperialismo formal».

Por otra parte, si como designaba Greenberg, el formalismo tiene como fundamento el hecho de que los artistas toman «como fuente principal de inspiración el medio en que trabajan» y que el «interés de su arte parece radicar ante todo en su preocupación pura por la invención y disposición de espacios»[51], trasladado esto a la «tercera venida de Hank Herron», hallamos que ese medio (si es posible definirlo como tal) no es otro que el de *remezclar*. La remezcla como fin en sí mismo. De este modo se cumple la sospecha situacionista según la cual esa «cultura de la remezcla», sin perspectiva crítica de la propiedad, no es más que una broma destinada a entretener a las elites culturales. El concepto de *uso* establece mutaciones. Sin embargo, el objetivo es hacer de ese uso –curiosamente– un fin en sí mismo. En la misma medida, la estética relacional consiste en «generar situaciones» siendo su finalidad estricta la propia generación de situaciones (pensemos en las fiestas de Tiravanija), construyendo de este modo un anormal movimiento tautológico que deriva todo hacia el interior de la institución. Así se generan situaciones (volteando el sentido situacionista) donde estas, en lugar de ser el medio para un fin exterior a esa misma acción (ya que hablamos de relaciones sociales), se convierten en acciones domesticadas en el contexto institucional, sin salir

---

[50] N. Bourriaud, «Topocrítica. El arte contemporáneo y la investigación geográfica», trad. de C. Rivera Parra, en VVAA, *Heterocronías. Tiempo, arte y arqueologías del presente,* Cendeac, Murcia, 2008, p. 22.

[51] C. Greenberg, «Vanguardia y Kitsch», en C. Greenberg, *Arte y cultura,* trad. de J. G. Beramendi y D. Gamper, Paidós, Barcelona, 2002, p. 19.

en ningún momento de ese mismo cerco; asumiendo, por lo tanto, su carácter de «operación neutra».

De esta forma, en el apropiacionismo de la *alta cultura descafeinada* –en algunas de sus diversas modalidades– no se señala un afuera, un contexto, un exterior, (aunque se hable de relaciones sociales, aunque se hable de democracia, etc.), sino que se autodesigna de un modo autocomplaciente, destacando así el paradójico caso de un «acto puro» de mezclar, o el acto puro de la relación social en el interior de la institución. No se trata de cuestionar, sino de buscar «líneas armónicas de innovación». Si el formalismo clásico –de corte purificador– rechazaba la referencia al mundo exterior apostando por un estado puro de originalidad y materialidad, y si el apropiacionismo posterior hacía del contexto, de la tradición, o de la crítica a la originalidad su territorio, este «nuevo Hank Herron», este apropiacionismo de la *alta cultura descafeinada,* sigue el extraño y delirante camino de esencializar la copia a través de su positivación «formalista»[52].

Thomas McEvilley utilizaba hábilmente la metáfora del tubo para explicar todo esto. El modernismo formalista trataba de observar las obras a través de un tubo, eliminando toda referencia al contexto, a la realidad, al mundo exterior. «El apuntalamiento teórico de este enfoque –señalaba McEvilley– implica una serie de argumentos sumamente agresivos diseñados para probar que los elementos externos al tubo no tienen nada de significativo ni formativo que ver con los de dentro, que la secuencia lineal de los desarrollos dentro del tubo es autónoma, desconectada del resto de la realidad»[53]. Por otra parte, determinadas actitudes críticas y teóricas posteriores trataron de apuntar hacia la necesidad de abrir ese campo de significaciones, y así lo encontramos en críticos y en artistas muy diferentes entre sí. En la estética del remezclador actual, que busca originalidad en su quehacer, hallamos de nuevo el tubo como salida a una saturación de lo posmoderno, pero esta vez

---

[52] Escribía Hans Haacke al respecto que hay muchos artistas actualmente «jugando a menudo cínicamente con fuerzas sociales percibidas de forma ingenua, junto a otras formas de dandismo contemporáneo y versiones actualizadas del arte por el arte», en *Museos, gestores de la conciencia,* disponible en [https://www.ddooss.org/articulos/otros/Hans_Haacke.htm].

[53] Th. McEvilley, «Aquí llegan todos», en Th. McEvilley, *De la ruptura al «cul de sac», op. cit.,* p. 193.

–he aquí la cuestión– situado dicho tubo frente a y sobre la copia, por ejemplo. Un retorno al pasado que pretende ser futuro, en tanto en cuanto la estética del remezclador que se nos propone mantiene aún la esperanza en una idea de progreso modernista sustentada en la idea de originalidad/novedad de su trabajo. Cuando un artista de la postproducción, por ejemplo, retoma el apropiacionismo y la cita (mediante el nombre de *uso*) trata de extraer la obra de toda referencia exterior (aunque parezca lo contrario) con el objetivo de poder exportarla –como un cuadro– a cualquier otro marco, a cualquier otra galería, a cualquier otra institución. Nicolas Bourriaud lo escenifica sin recelos: «Los artistas ejecutan actualmente la postproducción como una operación neutra, de suma cero, allí donde los situacionistas tenían por objeto corromper el valor de la obra desviada, es decir, combatir el capital cultural»[54]. *Operación neutra,* de *suma cero,* son fórmulas para entender este nuevo estadio de la copia como *nuevo formalismo,* su estado circular y consensual, que se convierte en mero mecanismo para el entretenimiento y el consenso. Una operación neutralizada implica de nuevo el uso del *tubo* situado, ahora, sobre el propio ejercicio del *sampleado,* sin salirse de él. Así, el trabajo de este nuevo *artista como dj* «consiste en la concepción de un encadenamiento dentro del cual las obras se deslicen unas en otras, representando al mismo tiempo un producto, una herramienta y un soporte»[55]. Sin embargo, si nos fijamos atentamente, estamos ante un *producto, herramienta y soporte* que no escapan de su propia celda, que no *afectan* a lo que existe fuera de ese producto, herramienta y soporte (ni por arriba ni por abajo), simplemente «se deslizan» unas en otras en un raro proceder endogámico. En este proceder la situación de vanguardia no pretende cuestionar ni el presente, ni la academia, ni la institución, ni el mercado, sino que más bien pretende disfrutar de su conciencia de ser vanguardia afirmativa, esto es: entretenimiento *cool.* Tal como apuntaba Benjamin H. D. Buchloh, cuando «reducimos el concepto de *ready-made* exclusivamente a su dimensión lingüística, a su actividad nominalista, tergiversamos un paradigma que surgió como un intento de superar las formas trascendentales de ver y pensar, negamos la dimensión implícitamente política de

---

[54] N. Bourriaud, *Postproducción, op. cit.,* p. 42.

[55] *Ibid.,* p. 45.

esta descentralización radical del sujeto y renunciamos al potencial crítico y a la fuerza subversiva original de este paradigma»[56]. Es esta forma errática de *ready-made* –en el sentido, por ejemplo, de Kenneth Goldsmith–, teorizada institucionalmente, desactivada en tanto que *broma conceptual,* lo que hallamos en determinadas prácticas visibles en esta «tercera venida de Hank Herron», donde curiosamente se ha desarrollado una versión lúdica del apropiacionismo que deslegitima toda opción crítica[57]. Otro ejemplo sería *Looking for Love* (2008) de Christian Marclay. Se trata de un vídeo de 32 minutos donde Marclay se graba a sí mismo ejercitando constantemente el mismo juego de levantar y bajar la aguja de un tocadiscos, buscando siempre el momento en el cual en la canción se entona la palabra «love». En el texto que acompaña el vídeo leemos: «En lugar de utilizar su destreza como virtuoso editor, *Looking for Love* es simplemente la grabación de una *performance* en la que se busca literal y físicamente la palabra "amor" en letras de las canciones del pop americano de los sesenta y setenta. El vídeo captura las cualidades idiosincrásicas del sonido analógico a medida que los discos saltan y oscilan cada vez que Marclay coloca la aguja. Aunque en el *dubbing* se ha producido una transición mayoritaria al mundo digital, *Looking for Love* homenajea las primeras etapas del hip hop en las que los *dj* realizaban un trabajo auténticamente manual». La retórica delata la posición, obviamente: *auténticamente manual.*

La *alta cultura descafeinada* podría así leerse, en definitiva, como la acomodación al cinismo mediático. Es una posmodernidad de bajo coste en tanto que trata de alcanzar algo así como el «aura original del remezclador» dentro de un mercado que se ve necesitado, de nuevo, de ese estado melancólico del aura que portaba cierta obra del pasado.

---

[56] B. H. D. Buchloh, «Ready-made, object trouvé, idée reçue», en B. H. D. Buchloh, *Formalismo e historicidad. Modelos y métodos en el arte del siglo* XX, trad. de C. del Olmo y C. Rendueles, Akal, Madrid, 2004, p. 156.

[57] No en vano Boris Groys apuntaba que la técnica «del *ready-made,* desde esta perspectiva, se muestra como una nueva versión del Salón Internacional del Arte, que recuerda al *Salón* francés de finales del siglo XIX, esto es: como suma de determinadas formas expresivas profesionalizadas, que, en su esencia, no se distinguen de las de la pintura y la escultura tradicionales». B. Groys, *Sobre lo nuevo. Ensayo de una economía cultural,* trad. de M. Fontán del Junco, Pre-Textos, Valencia, 2005, p. 110.

III. ARTE CULTO DESCAFEINADO

En el delirio de los parabrisas de Seattle el desdoblamiento de lo real era evidente. La estricta idiotez de lo real, su acusada forma simple, se complejizaba a través de discursos delirantes que pretendían revestir el problema «original» a través del desvío. Aunque a un nivel muy diferente, en el caso de Hank Herron el desvío paródico es el punto original al que un segundo desvío torna, oportunamente, en determinación teórica y un tercer desvío lo transforma en curioso gesto «original». Tanto en Seattle como en Herron, la construcción de *algo* en torno a un original dudoso encarna un modelo teórico que la predisposición posmodernista estableció como lugar de acción. El sentido que «entraña» lo original, de esta forma, es puesto en duda. Esta es la base sobre la que se sostiene nuestra actual cultura que, como bien ha definido Hillel Schwartz, es una cultura de la copia. «Copiar es lo que se lleva ahora, [...] la copia es al mismo tiempo degenerada y regenerada»[1], apunta Schwartz, resumiendo en una sola frase la situación.

La relación original-copia, realidad-simulacro estaba en la lista de cuestiones centrales de la posmodernidad. Basta hojear la paraliteratura que han producido las ideas de Jean Baudrillard y la multiplicidad de recurrencias a la obra de Walter Benjamin para hacernos una idea. Sin embargo, esa misma posmodernidad, como ha señalado Domingo Hernández Sánchez[2], ha preparado su disolución, según parece, creando una esquizofrénica nostalgia de sí. De este modo, la idea que tratamos de señalar es que buena parte del arte actual ha creado, en su intento de construir una base teórica más allá de lo posmoderno, una especie de posmodernismo excesi-

---

[1] H. Schwartz, *La cultura de la copia, op. cit.,* p. 262.

[2] Cfr. D. Hernández Sánchez, «Copias, postproducciones y otras estéticas del guardar como», *Contrastes,* Suplemento 13, 2008, disponible en [https://www.uma.es/contrastes/pdfs/MON2008/05_Hernand_Estetizac.pdf].

vamente blando y consensual. Es decir, en su intento de huir de lo posmoderno ha construido una extraña operación de salida que juega (eclécticamente) sobre el filo de unos conceptos que finalmente traicionan su posición. De alguna manera lo que proponen determinados artistas y escritores cercanos a la postproducción y su extensión *radicante* (Bourriaud), o los artistas de la *estética del laboratorio* (Laddaga), o la *escritura no-creativa* (Goldsmith) por poner simplemente tres ejemplos, no es solo una nostalgia de la posmodernidad, sino más bien una salida nostálgica de lo posmoderno, un fingimiento de los síntomas de esa salida de lo posmoderno a través de un superficial eclecticismo carente por completo de un factor crítico –en realidad una plena despolitización de todo gesto–, retornando blandamente a nociones del pasado, como hemos visto en el capítulo anterior. A este fenómeno de posmodernismo en estado de *outlet* (donde la copia recobra un valor puramente estético-modernista) es a lo que he dado en llamar *alta cultura descafeinada.*

El tema de las tensiones entre original y copia, entre objeto y su reescritura, afecta directamente al núcleo central de buena parte del arte y de la literatura de los últimos años. Conceptos como *remake, fake* o *apropiación* se han tornado habituales hoy en muy variados ámbitos artísticos. Y sin embargo, una peculiaridad parece afectar (en mayor o menor medida) a este hecho en la actualidad: su posicionamiento conservador y de vuelta a una particular concepción de lo moderno, e incluso pre-moderno (sobre esto incidiremos en varios momentos). Un retorno en el que se pierde o se reduce la fuerza de esa misma modernidad. Podríamos decir –es necesario insistir, aunque ya lo sepamos– que el apropiacionismo se ha convertido en el fetiche de una *alta cultura descafeinada,* en un modelo de consumo cultural, eliminando del proceso apropiacionista toda posible fractura, todo posible disenso. Se trata de un apropiacionismo –entendido como fetichismo del significante– que se escuda en un vago humor consensual, en el chascarrillo vacío asentado en un pacto institucional (en el sentido más amplio del término), y que cuando pretende ser provocativo lo es con fines estrictamente comerciales. A este respecto (si bien en otros aspectos no podemos estar de acuerdo) baste recordar las palabras de Benjamin H. D. Buchloh:

> Las afinidades cada vez más notorias entre el mundo de la moda, el diseño y la publicidad y lo que se ha dado en llamar *high*

art posmoderno no se explican sencillamente aludiendo a su interdependencia económica. Más bien se trata de una afinidad electiva que cabe atribuir al uso de técnicas similares de transmisión ideológica y a la relación que mantienen ambos mundos con los poderes que organizan la industria cultural. Los perfiles de artistas que, cada vez más a menudo aparecen en los medios de comunicación, los fotorreportajes de los estudios de los artistas (y de mujeres e hijos) o el uso de artistas como modelos de moda están marcados por el tipo de mensaje aporético que distingue estructuralmente toda publicidad exitosa. Por un lado, los artistas tienen que dar fe de su autenticidad tradicional y de la originalidad y exclusividad de sus productos (de la misma manera que las bagatelas producidas en masa se anuncian a través de campañas de imagen que recuerdan al estilo de vida aristocrático de la alta burguesía). Por otro lado, estos artistas tienen que asegurarnos que invertir en ellos es tan seguro como comprar acciones de una empresa de diseño[3].

En 1999 el crítico de arte Julian Stallabrass publicaba *High Art Lite*[4]. Este libro, este *arte culto descafeinado,* tenía como objetivo estudiar y desenmascarar el auge y caída del Young British Art, analizando y enfatizando sus elementos circundantes y contextuales, a nivel mercantil y mediático. La pregunta central era simple: ¿qué había pasado y qué estaba pasando con artistas como Damien Hirst, Tracy Emin, Sarah Lucas, etc.? Esa era la pregunta. ¿Cómo habían logrado posicionarse, tal como lo habían hecho, dentro del mundo del arte? Stallabrass estudia el fenómeno desde ese interior del mundo del arte británico apuntando una serie de cuestiones clave para comprender cómo un fenómeno artístico asciende espectacularmente hasta casi desintegrarse. Para Stallabrass el ascen so (mediático) de estos artistas se funda en el hecho de constituirse y construirse como un arte que acepta un «posmodernismo simplista» desde el cual edifica artísticamente sobre el vacío. Estos artistas habrían comenzado su trabajo como *discurso alternativo* al oficial o hegemónico, mostrando incluso su obra desde los márge-

[3] B. H. D. Buchloh, «Ready-made, object trouvé, idée reçue», en B. H. D. Buchloh, *Formalismo e historicidad…, op. cit,* p. 161.

[4] J. Stallabrass, *High Art Lite. Esplendor y ruina del Young British Art,* trad. de T. Martín y M. Suijkerbijk, Brumaria, Madrid, 2010.

nes. No obstante, no veían –desde su «marginalidad»– el *mainstream* como un factor de simple oposición o como espacio crítico, sino como un espacio capaz de «hacer hueco» a su propuesta. Y en esta propuesta, el *otro* no es un elemento a desvelar o cuestionar –no es una metafísica de lo sublime–, sino un territorio de *deseo,* y aquí es el deseo el que obtura toda posible crítica.

Stallabrass sostiene que estos artistas montaron originalmente sus propias exposiciones en viejos edificios o almacenes «evitando el caduco aparato de galerías privadas»[5]. Así, estas exposiciones de carácter «alternativo» podían tomarse como «recorridos turísticos», ya que implicaba «trasladarse a una parte desconocida de Londres y pasearse por edificios industriales»[6]. Partiendo de este elemento *diferente* la cuestión deriva por dos caminos interconectados. Por un lado hacia lo contextual: «el arte era una excusa para estar allí»[7], es decir, era la excusa «para hacerse ver». Por otro, había una clara tendencia hacia lo elitista: «Aunque en ocasiones los pases privados estuvieran abarrotados, la concurrencia solía ser bastante homogénea: aspirantes a elite»[8]. Una de las implicadas, Sarah Lucas, lo declaraba del siguiente modo: «pese a que [estas exposiciones] se organizaran en viejas naves, las personas involucradas las hacían con intención de copiar o emular algo que [había sido] mucho más profesional y de mayor relumbrón»[9]. El *high art lite* –hijos del thatcherismo[10]– se desarrolla de esta forma entre 1989 y 1995, y su diseño va a tratar de apuntalarse desde un marcado efectismo sobre los medios de comunicación, una aparente accesibilidad popular, así como una banalización de todo lo teórico. Escribe Stallabrass: «Para aproximarse a un público más amplio, el *high art lite* se recubrió de una nueva capa de barniz que incluía referencias y formas comprensibles para un público no especializado. Incluso, a veces, acudían a la cultura de masas e incorporaban materiales incomprensibles para los especialistas, demasiado esnobs como para interesarse por la música pop o los culebrones. De este modo, el nuevo arte decide llamar la atención de los medios de

[5] *Ibid.,* p. 49.
[6] *Ibid.*
[7] *Ibid.*
[8] *Ibid.*
[9] *Ibid.,* p. 51.
[10] *Ibid.,* pp. 230-231.

comunicación, despertando la ira de los conservadores y generando la publicidad de la que iba a depender»[11].

La obra de estos artistas se desarrolla en un doble movimiento hacia arriba y hacia abajo, funcionando como arte y entretenimiento al mismo tiempo, pero sobre todo tendiendo hacia la construcción de estrategias que faciliten el éxito, y este lo hallan –como en una especie de epifanía– en la llamada fetichización de la experimentación. Una fetichización que encuentra su aliado perfecto en los medios de comunicación, deseosos de esa experimentación entendida fundamentalmente como espectacularización o acontecimiento provocativo. Podríamos resumir diciendo que jugaban con el colapso del arte y de la mercancía, pero en la forma de una mercancía artística.

Hablar de fetichización de la experimentación implica hacer referencia, esencialmente, al uso de procesos vanguardistas como el *ready-made* con fines estrictamente mercantiles o promocionales. Es decir: en la construcción de gestos vanguardistas (y situacionistas) vacíos de contenido, creados desde (y para) la forma del efecto. Un Hank Herron que pinta o repinta cuadros con la necesidad de mostrarse como original ante un mercado que exige originalidad; ese sería un caso. Es decir, Damien Hirst pintor, por ejemplo. En el acto de pintar de Hirst no hallamos un gesto irónico hacia el mercado de la pintura (como podría suponerse), ni siquiera un acto provocativo, sino un gesto de aceptación del entramado comercial que le obliga a ello. «Hirst –escribe Sarah Thornton– ha desarrollado estrategias de producción que le aseguren, en todo momento, material suficiente para satisfacer la demanda de los coleccionistas; ha hecho, por ejemplo, al menos seiscientas pinturas de puntos *(spot paintings)* "únicas"» [12]. Por su parte, Christopher Burge, el principal subastador de Christie's, lo expresa con cierta ingenuidad, pero con certeza y sin los circunloquios *cool* de Hirst: «Nos estamos quedando sin material antiguo, de manera que el mercado se ve empujado hacia la actualidad. De ser una tienda mayorista de objetos usados estamos pasando a algo que en

[11] *Ibid.,* pp. 18-19.

[12] El precio de cada una de estas piezas «únicas» alcanza una cifra de muchos ceros. S. Thornton, *Siete días en el mundo del arte,* trad. de L. Wittner, Edhasa, Barcelona, 2010, p. 52. Nótese esa idea de «únicas».

realidad es al por menor. La escasez de bienes más antiguos hace que obras más nuevas queden expuestas ante la atención general»[13].

En este sentido, y en función de su propia urgencia histórica, lo que se acaba creando es una vanguardia afirmativa –la negación misma de la vanguardia– que es lo que postulan algunos teóricos que apuestan por *otra modernidad* como alternativa posmoderna. Escribe Stallabrass: «un posmodernismo simplista [...] que pretendía no separar la alta cultura de la cultura de masas y que, imbuido de relativismo, aceptaba el sistema tal como era, buscando solo tener éxito»[14]. El propio Stallabrass señala las tres características de ese *arte culto descafeinado:*

a) «romper con el aire provinciano de las obras británicas anteriores»;
b) «los artistas mantienen una relación nueva y diferente con los medios de comunicación utilizando con frecuencia materiales extraídos de la cultura de masas»;
c) «aparentan ser una especie de vanguardia»[15].

Sobre estos tres pilares se asentaba (y se asienta) el denominado por Stallabrass *arte culto descafeinado.* Plantea de este modo un mapa argumental –cuestionable en algunos casos, pero interesante, sin duda– que muestra las tentaciones de un artista por establecer un estado de pura visibilidad *comercial.* El caso de Damien Hirst es clave para Stallabrass, y lo muestra a través de un ejemplo simple. Con su famoso tiburón, según afirmaba el propio Hirst, este pretendía generar un *pensamiento sobre la muerte,* pero ¿por qué iba a ser así? Stallabrass lo apunta hábilmente: «¿Nos hace el tiburón pensar realmente en la mortalidad? ¿A quién le dan más miedo los tiburones que un cáncer o ser atropellado? ¿O nos recuerda sin más a la película *Tiburón*?»[16]. En igual medida una de las características del *arte culto descafeinado,* y en general de la *alta cultura descafeinada,* es esta tensión que se produce en el interior de la

---

13 *Ibid.,* p. 22.
14 *Ibid.,* p. 27.
15 *Ibid.,* p. 15.
16 *Ibid.,* p. 31.

obra y ante el espectador. O mejor dicho, esa tensión vacía. Escribe de nuevo Stallabrass:

> A Hirst le preocupa el hecho de añadir aún más objetos al mundo del arte[17] y dice de su obra: «Fabricas una escultura y es algo excitante, y está en una exposición, y la miras, y simplemente dices, "guau"». Y esta reacción como de parque de atracciones es justamente el efecto del cual depende la mayor parte del arte contemporáneo: «guau» es justo lo que dice uno cuando ve el tiburón gigante suspendido dentro de un tanque, o un molde de cemento del interior de toda una casa, o un busto hecho con la sangre congelada del artista. Más allá de este asombro, sin embargo, las obras de Hirst muy a menudo parecen vacías. [...] Este vacío es el producto de un simple *collage* de *ready-mades,* reunidos no para crear un significado sino para yuxtaponer de manera irresuelta ingredientes opuestos[18].

Esta sería la línea central del juego: una *mezcla* con el fin de mostrarse como *efecto* –de superficie– sobre el espectador. Algo así como una simple broma conceptual. Si la cultura del espectáculo se diseñaba (y se diseña) desde el patrón del *efecto* sobre el espectador, sin buscar causas o principios que sostuvieran ese efecto, la *alta cultura descafeinada* –tratando de hallar ese efecto epifánico– funciona de modo similar a como funciona la industria Disney, por ejemplo, los reyes del *efecto.* Este desplazamiento hacia el efecto vacío es, precisamente, el que cuida Disney. Julie Taymor, un personaje importante dentro del entramado Disney, señalaba lo siguiente sobre su propio trabajo: «No es ni puramente arte, ni solo entretenimiento, no sé si estoy realmente en lo uno o en lo otro. Estoy en otra parte»[19]. Este efecto es el que igualmente se halla,

---

[17] No olvidemos las palabras del artista conceptual Douglas Huebler: «El mundo está lleno de objetos más o menos interesantes; no quiero añadir ningún otro, prefiero sencillamente afirmar la existencia de las cosas en términos de tiempo o espacio». Cit. en L. Lippard, *Six Years: the desmaterialization of the art object from 1966 to 1972,* Studio Vista, Londres, 1973, p. 74.

[18] J. Stallabrass, *High Art Lite, op. cit.,* p. 32. El inciso entre corchetes es del propio Stallabrass.

[19] F. Martel, *Cultura Mainstream. Cómo nacen los fenómenos de masas,* trad. de N. Petit Fontserè. Taurus, Madrid, 2011, p. 72.

apunta Stallabrass, en la obra de Tracy Emin y su archiconocida pieza *Todo el mundo con el que me he acostado (1963-1995),* de 1995, donde una tienda de campaña ejerce de altar en torno a la vida personal de la artista. Los temas perturbadores que aparecen ahí, tales como las relaciones sexuales antes de la edad legal, la violación, el aborto, fases depresivas graves, alcoholismo, que tratan de mostrarse como una provocación ante las buenas maneras de la sociedad acaban exigiendo de esta su atención, y por lo tanto todo efecto depende, precisamente, de *ser efecto.* Por ello Stallabrass apunta que «la obra no critica las buenas maneras, sino que depende de ellas»[20]. Esta necesidad del *efecto* es central. Hablaba de ello Hal Foster al referirse a «artistas que solían actuar como víctimas juveniles que provocaban a la ley paterna *como para asegurarse de que seguía allí,* en el mejor de los casos pidiendo neuróticamente el castigo, en el peor demandando neuróticamente orden. Y esta pose vicaria la adoptan los artistas y escritores contemporáneos casi demasiado ansiosos de decir obscenidades en el museo, casi demasiado dispuestos a ser pellizcados por Hilton Kramer o azotados por Jesse Helms»[21]. Esta podría ser una de las claves de la *alta cultura descafeinada:* la construcción de un paradigma artístico que trata de desarrollar un equilibrio frágil entre arte y entretenimiento. Un espacio donde, en lugar de arte político, tenemos una aceptación de las políticas del arte.

Otra de las cuestiones centrales del *arte culto descafeinado* –en realidad una extensión de lo anterior– es saber en qué terreno jugar, saber moverse (y manejarse) perfectamente entre la alta y la baja cultura, estableciendo sintomáticos guiños a uno y otro lado. Por ello la «accesibilidad de materiales extraídos de la cultura de masas se convirtió en un aspecto importante de los trabajos; se rechazó el conocimiento especializado. [...] Para comprender este arte resultaba más útil ser un entendido en [...] fútbol [...] que tener conocimientos sobre Velázquez o Picasso, y no digamos sobre Art & Language»[22]. De esta forma, este arte se sirve de la cultura de masas para abrirse paso en los mercados, custodiados estos

---

[20] J. Stallabras, *High Art Lite, op. cit.,* p 43.

[21] H. Foster, *El retorno de lo real, op. cit.,* p. 163. Ambos personajes son representantes de la apuesta más conservadora del arte, uno como crítico y otro como político.

[22] J. Stallabras, *High Art Lite, op. cit.,* p 56.

por un reducido grupo de conocedores (política del arte). A su vez, las obras se llenan (o apropian) de gestos sutiles como dardos precisos lanzados contra la alta cultura. Así, muchos de estos artistas están a salvo de las críticas porque la gente del entorno entiende que se trata de una elección y que sus creadores son capaces de elaborar obras complicadas basadas en escritos de Derrida, Foucault, Kristeva o Lacan cuando quieran. Por lo tanto, las obras tienen un doble sentido: hacia el exterior para alcanzar notoriedad entre públicos más amplios y medios de comunicación; hacia el interior para el mundo del arte, sin excluir ni mucho menos a las instituciones tradicionales, galerías privadas y organismos oficiales.

Es, pues, fácil concluir que los dispositivos críticos de esta propuesta son nulos. Son, como apuntaba Bourriaud, de *suma cero:* se aparenta ofender[23]. No se cuestiona el pasado, la propia tradición artístico-literaria, con fines culturales o históricos o políticos, sino con fines comerciales. Lo que se pretende en la *alta cultura descafeinada,* bajo el disfraz de una vanguardia blanda, es no tanto formatear críticamente el arte o la literatura, sino que mediante un extraño movimiento hacia abajo y hacia arriba, tratar de formatear el mercado para beneficio propio. Por lo tanto, este trasvase, o este trasladar material de la baja a la alta cultura, «ya ni siquiera tiene carga política» y «se ha convertido en un mero voyerismo culto»[24]. Más bien se trataría de un tipo de arte cuyo carácter conservador es evidente, «en el que se ha eliminado por completo el papel de una cultura que se dedique a otra cosa que entretener y a hacer dinero»[25]. Es más, forman parte de eso que más tarde llamaremos *situacionismo low cost,* y que reaparece constantemente; un situacionismo que acepta su desactivación política para desarrollar su aspecto lúdico. De esta forma estamos ante un tipo de apropiacionismo que «tiene unos antecedentes radicales en el arte conceptual y el movimiento situacionista», pero, a pesar de ello, «en el caso del *high art lite,* estos métodos se emplearon en gran medida desprovistos de intenciones políticas y pasados por el tamiz de un concep-

---

[23] «El papel del arte es transformarse en una pantalla-radar en que estas formas furtivas, localizadas y personificadas puedan por fin aparecer y ser nombradas». N. Bourriaud, *Radicante, op. cit.,* p. 65.

[24] *Ibid.,* pp. 99-100.

[25] *Ibid.,* p. 159.

tualismo y un situacionismo absorbidos por la publicidad»[26]. En este sentido, la tradición no es cuestionada con fines críticos, sino con el objetivo simplista de formatear el pasado para instaurar su modelo estrictamente comercial. Dicho de otro modo: «la apariencia puede resultar engañosa, pero funciona a la perfección con la prensa, tanto para los progresistas que quieren creer que el *high art lite* representa algo radical, como para los conservadores que temen que así sea»[27]. Se funda así una especie de nuevo formalismo donde la obra es la que crea su propio recinto crítico, construyéndose, de esta forma, una autonomía artística en función de los materiales que maneja. Hablaríamos, en conclusión, de un modernismo legitimado que es, al mismo tiempo, reempaquetado para el consumo como mercancía *chic*[28].

En definitiva, para Stallabrass, la definición del *arte culto descafeinado* incluye o desarrolla como concepto esa *domesticación de lo marginal.* Escribe: «Desde el fin de la modernidad, los cambios en el arte contemporáneo ya no pueden describirse simplemente como progreso, sino que están basados en la domesticación de lo marginal, lo peligroso y lo alienado. Una de las formas más fáciles de crear marginalidad [...] es flirtear con lo bajo. En el valiente mundo del arte posmoderno, los tabúes siempre se están rompiendo y las fronteras se traspasan constantemente, y aún así (salvo honrosas excepciones), cuando nos damos la vuelta para mirar de nuevo, todo está en su sitio como por arte de magia, preparado para el siguiente asalto»[29].

---

[26] *Ibid.,* p. 61.

[27] *Ibid.,* p. 16.

[28] Cfr. Th. Crow, «Modernidad y cultura de masas en las artes visuales», en Th. Crow, *El arte moderno en la cultura de lo cotidiano, op. cit.,* p. 42.

[29] J. Stallabras, *High Art Lite, op. cit.,* p 16.

IV. EL RETORNO (FETICHISTA) DE LO MODERNO

ESA NOSTALGIA DE LO POSMODERNO (O UNA OBSESIÓN LLAMADA NICOLAS BOURRIAUD)

«Estos procedimientos [...] transferidos de un registro crítico a un registro lúdico, se convierten, en última instancia, en indiscernibles de aquellos que son producidos por el poder y los medios de comunicación, o por las formas de presentación de la mercancía misma»[1]. Jacques Rancière, en esta breve pero contundente afirmación, señala un hecho capital que viene dibujándose en lo expuesto anteriormente. Dicho en otros términos: en los casos en los cuales los procesos y procedimientos artísticos cuyo sentido apuntaba originalmente hacia lo crítico se transforman en meros actos de entretenimiento –o registro lúdico desconflictualizado– lo que se alcanza es ese aspecto de *indiscernibilidad* con respecto al poder y los medios de comunicación. Indiscernibilidad basada no en un acto crítico, sino de acoplamiento formal a lo dado. Y a ese aspecto, o mejor, a ese espacio de indiscernibilidad no crítica, nos vamos a referir.

De un modo inicial y primitivo, podemos apuntar que todo acto apropiacionista basa su sentido referencial en el desarrollo de un acto contra-semántico –como extracción de un objeto de su flujo narrativo– cuya intención sería crear una tensión crítica tendente a cuestionar la tradición artística o las derivas del propio mercado o de la institución arte. De esta forma, las progresivas resurrecciones del *ready-made* han convertido este proceder en un objeto que, o bien pretende ser transgresor, o bien explora la dimensión enunciativa de la obra, o bien se constituye como un artefacto que aborda la serialidad de objetos e imágenes del capitalismo avanzado, o en un objeto específico, o en una prueba de las diferencias sexuales

[1] J. Rancière, *Sobre políticas estéticas,* trad. de M. Arranz, Macba / UAB, Barcelona, 2005, p. 48.

y sociales, etc. Este problema –aunque desde perspectivas y posiciones a veces diversas– es el que pusieron sobre la mesa diversos críticos desde comienzos de los ochenta; críticos tales como Douglas Crimp, Craig Owens, Benjamin Buchloh, José Luis Brea o incluso Jean-François Chevrier[2] trataron de analizar la progresiva tendencia de un paradigma que constituido conflictivamente se diluía no solo institucionalmente, sino en claro retroceso hacia espacios de representación y esteticismo documental. Hoy en día, sin embargo, este proceso es más acuciante. Rancière, por continuar con su argumentación, lo expone claramente:

> La política de la mezcolanza de los heterogéneos, desde el dadaísmo hasta las diversas formas del arte contestatario de los años sesenta, conoció una forma predominante: la forma polémica. El juego de intercambios entre arte y no-arte servía para facilitar choques entre elementos heterogéneos, oposiciones dialécticas entre forma y contenido que denunciaban ellas mismas las relaciones sociales y el lugar que correspondía en ellas al arte. [...] Los billetes de autobús, resortes de relojería y otros accesorios pegados sobre lienzos dadaístas ridiculizaban la pretensión de un arte al margen de la vida. Las latas de sopa o las pastillas de jabón Brillo introducidos por Andy Warhol en el museo denunciaban las pretensiones al aislamiento del gran arte. [...] El *collage* de los heterogéneos presentaba habitualmente la imagen de un choque que describía un mundo oculto por otro. [...] De este modo la autocrítica del arte se mezclaba con la crítica de los mecanismos de dominación estatal y mercantil[3].

Dicho esto, la pregunta que se nos impone es la siguiente: ¿qué ocurre cuando el apropiacionismo se desactiva y se transforma en

---

[2] «El arte neoconceptual fabrica esencialmente ejemplos de diseño social: se presenta como una estetización de la información en el seno de la institución artística». J.-F. Chevrier y C. David, «La actualidad de la imagen», en J.-F. Chevrier, *La fotografía entre las bellas artes y los medios de comunicación,* Gustavo Gili, Barcelona, 2007, p. ???

[3] J. Rancière, *Sobre políticas estéticas, op. cit.,* pp. 43-44. Rancière insiste en diversos textos sobre lo mismo: «El ensamblaje de toda cosa con cualquier otra, que pasaba ayer por subversivo, es hoy en día cada vez más homogéneo con el reino del *todo está en todo* periodístico y de la comba publicitaria», en J. Rancière, *El destino de las imágenes, op. cit.,* p. 68.

un acto puramente de entretenimiento lúdico/social, en un proceso sin más trasfondo que el simple interés del artista en mostrar su ingeniosidad formal? ¿Qué ocurre cuando es el mercado el que tergiversa al situacionismo y no a la inversa? En la denominada *alta cultura descafeinada* ese apropiacionismo tiene un marcado carácter conservador en tanto que el único fin de esa apropiación –según podemos intuir– es la afirmación superficial de ser una apropiación en el interior maternal del mercado (y de una institución) que la legitima (y aplaude) para ser tal.

Nicolas Bourriaud es quien, en textos como *Estética relacional* o *Postproducción,* ha tratado de señalar un nuevo camino para el arte contemporáneo en el territorio del montaje, y quien, a la manera prototípicamente greenbergiana, ha establecido un delirio crítico para construir su(s) propio(s) paradigma(s) teórico(s). Es quizá, en este sentido, el teórico más elevado de esta desactivación artístico-cultural, influyendo no solo en las artes visuales, sino también –de un modo peculiar– en la literatura[4]. Bourriaud señala el uso de materiales (y relaciones sociales) para su mezcla y posterior construcción como obra; proyecto que él sitúa como prolongación de la modernidad y que en *Estética relacional* describe así: «la modernidad se prolonga hoy en la práctica del bricolaje y del reciclaje de lo cultural, en la invención de lo cotidiano y en la organización del tiempo, que no son menos dignos de atención y estudio que las utopías mesiánicas o las novedades formales que la caracterizaban ayer»[5]. En la propuesta de Bourriaud la disolución de lo posmoderno –entiéndase este concepto en un sentido muy amplio, tal como lo maneja Bourriaud– se prefigura por una revisión de lo moderno o de una modernidad neutra, desactivada. Sin embargo, esta supuesta disolución –paradójicamente– se construye sobre for-

---

[4] Véase al respecto el trabajo de J. Calles, *Literatura de las nuevas tecnologías. Aproximación estética al modelo literario español de principios de siglo (2001-2011),* disponible en [https://gredos.usal.es/jspui/bitstream/10366/110856/1/DFLFC_Jara_Calles_Literatura_de_las_nuevas-tecnologias.pdf]. La influencia de Bourriaud es explícita en algunos casos, como en Agustín Fernández Mallo, quien en *Postpoesía* (Anagrama, Barcelona, 2009) se apropia de los postulados de *Radicante,* o Jordi Carrión, quien lo menciona en *Teleshakespeare* (Errata Naturae, Madrid, 2011) como referente teórico. De un modo más ambiguo está presente en *Homo Sampler* de Eloy Fernández Porta.

[5] N. Bourriaud, *Estética relacional,* trad. de C. Beceyro y S. Delgado, Adriana Hidalgo editora, Buenos Aires, 2006, p. 12.

mas y nociones que han sido desarrolladas por la propia retórica posmoderna. En un texto titulado «Esplendor y ruina de un paradigma: Lo relacional, París-Madrid, Madrid-León», Juan Albarrán describía perfectamente el cansancio de lo relacional y su sentido nostálgico: «Bourriaud pretende recuperar el proyecto moderno desprendiéndose de dogmatismos ideológicos y lecturas teleológicas al tiempo que da por periclitada la posmodernidad (sin llegar nunca a explicar qué significa para él este confuso concepto). Y sin embargo, el gusto por la cita, por el reciclaje, por el bricolaje cultural, por la apropiación y recontextualización de referentes artísticos, el afán por revestir de una nueva artisticidad elementos que están más allá del espacio sagrado del arte»[6] nos hacen pensar en esa nostalgia de lo posmoderno. Es quizá esa nostalgia la que ejerce de bisagra, e incluso como justificación, en determinadas formas del apropiacionismo actual. El intento es, de alguna forma, el de formatear la modernidad con el objetivo único de legitimar una posmodernidad de *bajo coste*[7]. Un posmodernismo entendido como «manual de supervivencia», como plano de navegación que acepta a ciegas el presente sin intención de transformar nada. Sadie Plant lo describía del siguiente modo: «la condición posmoderna es como el dadaísmo sin la guerra o el surrealismo sin la revolución; los filósofos posmodernos son los situacionistas vendidos que vagan sin

[6] J. Albarrán, «Esplendor y ruina de un paradigma: Lo relacional, París-Madrid, Madrid-León», Conferencia leída en las III Jornadas sobre arte contemporáneo en Castilla y León, *Toda práctica es local* MUSAC, 16 de abril de 2010, disponible en [http://revpubli.unileon.es/ojs/index.php/dearte/article/view/1352/1076].

[7] En *Estética relacional* Bourriaud define así la modernidad: «Los ideales de la modernidad no han desaparecido, se han adaptado: así, "la obra de arte total" se realiza hoy en su versión espectacular, vaciada de todo contenido teleológico. Nuestra civilización compensa la hiperespecialización de las funciones sociales por la unificación progresiva de las actividades de ocio: se puede predecir sin demasiados riesgos que la experiencia estética del individuo *lambda* del final del siglo XX se parecerá más o menos a lo que imaginaban los vanguardistas de comienzos de siglo: entre el disco de vídeo interactivo y el CD-rom, las consolas de juego cada vez más multimedia y la sofisticación extrema de los espacios de ocio masivos, discotecas o parques de atracciones, vamos hacia la condensación del ocio bajo formas unitarias. ¿Hacia un arte compacto? Apenas aparezcan lectores de CD-rom o CD-I que dispongan de autonomía suficiente, el libro, la exposición y el film se van a encontrar en competencia con un modo de expresión a la vez más completo y más apremiante para el pensamiento que distribuirá la escritura bajo formas nuevas, la imagen y el sonido». N. Bourriaud, *Estética relacional, op. cit.*, p. 141.

propósito»[8]. Hablamos así de una nostalgia de posmodernidad que adquiere ahora, cuando lo posmoderno se diluye, el rostro o el disfraz del *sampler* o del *dj,* pero que no por ello deja de ser nostalgia. Un deseo de retorno a lo moderno (desde lo posmoderno) que diluye y asordina todo afán crítico. Un retorno que, a su vez, incluye toda una retórica (paradigmáticamente conservadora) de la originalidad. He ahí la forma en la que el neoliberalismo se siente cómodo hablando de cultura. Se trata así de retornar a una modernidad desconflictualizada que no llegó a existir realmente, para así habitarla y hacerla funcionar dentro de un mercado nuevo.

Otro caso de ese *estado nostálgico* lo hallamos en la siguiente síntesis de Andreas Huyssen, quien, al tratar de señalar la salida de lo posmoderno como fuga hacia un nuevo modernismo, reescribe (y describe) una especie de *pastiche* cuasiposmoderno:

> Deberíamos reintroducir los temas de la calidad estética y de la forma en nuestros análisis de todos y cada uno de los productos culturales. Aquí la cuestión de los criterios es obviamente fundamental: en vez de privilegiar lo radicalmente nuevo al modo vanguardista occidental, deberíamos centrarnos en la complejidad de la repetición y la reescritura, el *bricolage* y la traducción, expandiendo de este modo nuestra comprensión de la innovación. El foco podría luego centrarse en la intertextualidad, la imitación creativa... [...] Con esta sugerencia, estoy argumentando a favor de una práctica artística en el sentido brechtiano, pero es una versión del modernismo con una diferencia: políticamente más modesta y estéticamente más abierta a las prácticas del pasado de lo que permitía la retórica utópica de la vanguardia histórica. Muchos de los escritores habitualmente descritos como representantes de la literatura global contemporánea pueden leerse desde este punto de vista[9].

Por una parte, señala Huyssen la existencia de una necesidad («deberíamos», escribe) de reintroducir nociones claramente modernistas (en el sentido de la escuela greenbergiana), por ejemplo:

---

[8] S. Plant, *El gesto más radical, op. cit.,* p. 235.

[9] A. Huyssen, *Modernismo después de la posmodernidad,* trad. de R. Filell, M.ª Abdo Férez y S. Fehrmann, Gedisa, Barcelona, 2011, p. 39.

calidad y forma. Ambas cuestiones –no lo olvidemos– eran centrales en el programa de Greenberg, que quedó plenamente sintetizado en el texto de 1960 «La pintura moderna», y antes en un texto como «Abstracto y representacional»[10]. Por otro lado, dichos criterios deberían ajustarse –he ahí el giro hacia un nuevo formalismo– a temas como el *bricolage,* entendido este ahora no como apropiacionismo crítico, sino como «imitación creativa». Una imitación o apropiación que se situarían en una línea que denomina brechtiana («práctica artística en sentido brechtiano»), pero que expulsa a Brecht de su núcleo al dibujar su práctica como «políticamente más modesta», o de *suma cero,* considerando que su objetivo consiste en alcanzar lo *original,* como un nuevo estado creativo. Esta propuesta como salida «hacia atrás» de lo posmoderno es lo que vamos a rastrear en las páginas que siguen. Una salida hacia la modernidad, que reclama esa nostalgia de posmodernidad, y que elimina dentro de sí todo factor político, pero sobre todo elimina toda formulación de una crítica hacia los clichés prototípicamente modernos. En este sentido, se (re)inventa una modernidad fácilmente empaquetable a la que regresar cómodamente, pero que quizá nunca existió. He ahí la trampa. ¿Cuál es el objetivo entonces de este proyecto en el ámbito de las artes? Trataremos de señalar algunas respuestas.

Las diferentes críticas al trabajo de Nicolas Bourriaud han ido dirigidas fundamentalmente al aparato artístico; esto es, a su proyección en el engranaje mercantil del arte. De esta forma ha habido un constante referirse a su modelo de concepción de la obra de arte y del mercado[11]. Sin embargo, en no demasiadas ocasiones ha

[10] En ese texto señalaba, por ejemplo: «El comentario explícito de un hecho histórico que Picasso ofrece en el *Guernica* no hace de este cuadro una obra mejor o más rica», «Abstracto y representacional», en C. Greenberg, *Arte y cultura, op. cit.,* p. 156.

[11] No podemos dejar de mencionar a modo de ejemplo, el caso Bourriaud-Ralph Lauren sucedido en 2013 mientras Bourriaud era el director de la Escuela Nacional Superior de Bellas Artes (ENSBA). Sobre este caso véase [https://actionsensba.weebly.com]. Elena Vozmediano lo narra del siguiente modo: «Ralph Lauren ha prometido un millón y medio de euros para restaurar el anfiteatro ENSBA, con pinturas murales de Paul Delaroche, instalar conexiones inalámbricas [...]. El texto del acuerdo no ha trascendido pero se puede deducir que incluía la posibilidad de organizar eventos en la escuela, pues el anuncio del compromiso de mecenazgo fue acompañado de este desfile que, supuestamente, celebraba el "partenariado" cuando es claramente una acción de marketing de la empresa. [...] ¿Cuál ha sido entonces el problema?

habido un desarrollo crítico destinado a cuestionar el soporte filosófico sobre el que presuntamente se sostiene. Antes de introducirnos en esta segunda lectura –el calado teórico de su propuesta–, haremos una breve lectura del horizonte mercantil en el cual se sitúa dicha teoría.

Nicolas Bourriaud ha diseñado un modelo artístico condicionado por lo que él mismo denomina «criterios de coexistencia», un modelo de arte donde las relaciones sociales que genera la obra son el recinto mismo de la obra. Este sería un resumen rápido. Para Bourriaud la obra tiene la función de generar situaciones de intercambio. Esto es: «generar relaciones sociales» (siendo, y esta es la clave, la institución artística el marco y el recinto). Su máximo exponente: Rirkrit Tiravanija. Su forma: convertir la fiesta de inauguración en la exposición. La obra en la galería consiste en la gente charlando y dialogando. Pero vayamos por partes.

Julian Stallabrass en *Contemporary art: a very short introduction* señala lo siguiente: «Bourriaud es un curator y director de espacios de arte contemporáneo. [...] Su libro no es una discusión, sino una promoción de los artistas que él recomienda»[12]. A lo que apunta con sutileza Stallabrass es hacia una cuestión capital en el marco del arte contemporáneo: la capacidad de ejercer control desde una posición institucional importante. No se trata de poder, es decir, no es que Bourriaud tenga un poder mayor que otros en su misma línea de fuego, sino que posee *control.* No en vano Jeffrey Poe, un conocido galerista, lo tiene claro: «el mundo del arte no tiene que ver con el poder, sino con el control. El poder puede llegar a ser vulgar. El control es algo más agudo, más preciso. Surge de los artistas, porque es su obra la que determina cómo van a desarrollarse las

---

Pues que para llevar a buen término tamaño acontecimiento social, catorce de los veintiséis talleres, que son espacios no solo de trabajo, sino también de docencia, fueron desalojados durante cinco días, afectando a quince profesores y varios centenares de alumnos –más de la mitad de los matriculados– en unas fechas en que una parte de ellos prepara su diplomatura. Y se lo comunicaron solo dos días antes. Tuvieron que retirar las obras en las que estaban trabajando y despejar todo para que los talleres fueran utilizados como vestuarios, cocinas...». Véase el artículo publicado en *El Cultural* titulado «Todo fachada (Los estudiantes de Bellas Artes contra Ralph Lauren)», disponible en [https://www.elcultural.com/blogs/y-tu-que-lo-veas/2013/10/todo-fachada-los-estudiantes-de-bellas-artes-contra-ralph-lauren/].

[12] J. Stallabrass, *Contemporary art: a very short introduction,* Oxford University Press, 2006, p. 120.

cosas; pero los artistas necesitan un diálogo honesto con un conspirador. Un control discreto –basado en la confianza–; de eso trata, en realidad, el mundo del arte»[13]. Todo parece indicar que Bourriaud posee ese control; podríamos decir que es el interlocutor válido en ese «diálogo honesto con un conspirador». Pero ¿cómo? En realidad, hemos de retrotraernos a la década que cerró el siglo XX. Tras el *impasse* posmoderno y en un momento en el que el mercado del arte estaba en alza, se necesitaba la incrustación de un modelo *nuevo* de arte fácilmente vendible y distribuible a nivel mundial. Si el posmodernismo (con su maleta a cuestas de citas, *pastiches,* apropiacionismos, etc.) había rechazado la idea de novedad por considerarla moderna –es decir, un residuo historicista–, el mercado, por el contrario, de nuevo en alza, exigía originalidad. La novedad –la innovación, según Goldsmith– como principio y como estímulo. La retórica de lo nuevo y de lo original se reconstruye hábilmente para desplazar su contenido y reorientarlo hacia sus propios intereses. Una novedad que el mercado tiende rápidamente a teñir con conceptos que son útiles para vender un producto, y que determinado arte había dejado fuera. La nueva exigencia de originalidad parece aliarse con la necesidad de «lo romántico» que el estómago satisfecho del mercado neoliberal exige como imagen. Sarah Thornton lo descubre –notablemente sorprendida– mientras habla con el personal de una de las mayores empresas de subastas de arte contemporáneo. Escribe Thornton: «Los miembros del equipo de una casa de subastas son también los más propensos, dentro del mundo del arte, a evocar nociones románticas tales como la de "genio" y "obra maestra" como parte de su retórica de venta»[14]. De ahí –de esa esquizofrenia seudomodernista– procede la estética relacional (y alrededores), de esa necesidad. Hasta mediados de los noventa, el arte tenía un punto central de irradiación a partir del cual se gestaba el arte en todo el mundo. Ese centro era Nueva York. Así había sido desde el expresionismo abstracto. Nueva York como centro y sede. De esa centralidad se jactaba incluso un personaje capital en la teoría del arte contemporáneo (en clara oposición a las teorías modernistas de Greenberg) como Hal Foster, quien en la introducción a *El retorno de lo real* (1996) se permitía afirmar –sin pudor intelec-

[13] Cit. en S. Thornton, *Siete días en el mundo del arte, op. cit.,* p. 10.

[14] *Ibid.,* p. 23.

tual– que su libro era «parroquial en ejemplos (yo no dejo de ser un crítico con base en Nueva York)»[15]. Posición similar encontramos en la afirmación que lleva a cabo Lucy Lippard en 1983, cuando al hablar del arte activista lleva a cabo la misma sinécdoque, al sostener que «este ensayo ["Caballos de Troya: arte activista y poder"] se centra en mi propia experiencia local en la ciudad de Nueva York»[16]. Hoy este tipo afirmación podría causar rubor en boca de cualquier teórico. ¿Es posible visualizar el globalizado campo del arte contemporáneo centrándose únicamente en Nueva York?

Desde mediados de los noventa el mercado se reactiva, en parte, por la emergencia de nuevos coleccionistas procedentes de Asia, Rusia y Oriente Medio. A partir de 2008 –y en medio de la crisis– Nueva York pierde el liderazgo. Así lo certifican los informes de Artprice. Reino Unido y China se convierten en serios competidores. China, por ejemplo, pasa a ocupar un puesto capital en el entramado mundial del arte, creciendo a su vez de modo importante la presencia de artistas y coleccionistas tanto de ese país como de algunos países árabes. Se alteran, en efecto, las preferencias. De esta forma ascienden las cotizaciones y las ventas de artistas contemporáneos, nacidos después de 1945 y disminuyen los porcentajes del siglo XIX y primera mitad del siglo XX. En 2008 entre los diez pintores nacidos después de 1945 que más venden, siete son chinos. En el informe siguiente, en 2009-2010, leemos:

> El ganador de la competición mundial es China, que ahora cuenta con cinco casas de subastas clasificadas entre las 15 primeras del mundo por ingresos (de arte de todos los periodos) y mantiene el magnetismo de su mercado atrayendo a cada vez más inversores en cultura (por ejemplo, la galería Gagosian va a abrir una nueva sucursal en Hong Kong). Mientras los mercados estadounidense y británico se afanaban por recuperarse en la segunda mitad de 2009, las subastas chinas prosperaban y el país registraba sus mejores ingresos semestrales de subastas de la historia[17].

---

[15] H. Foster, *El retorno de lo real, op. cit.,* p. VII.

[16] L. Lippard, «Caballos de Troya: arte activista y poder», en J. L. Marzo (ed.), *Fotografía y activismo,* Gustavo Gili, Barcelona, 2006, pp. 55-82.

[17] *Informe de Artprice 2009/2010,* disponible en [http://imgpublic.artprice.com/pdf/fiac10es.pdf].

Para Bourriaud parecía necesario establecer una nueva visión, tanto de corte teórico como práctico, que diera pie a la posibilidad de justificar sus posicionamientos comerciales. El primer paso fue «vender» la estética relacional como algo *nuevo,* como espíritu de los tiempos, mediada la década de los noventa. Esta estética era entendida como la generación –democrática– de espacios de encuentro más que como la producción de objetos. Ahí encontró su novedad; en lo que Haacke denomina «ingenuo cinismo social». Luego pasó a la postproducción como forma de reintroducir «objetos» en el mercado, y finalmente el artista *radicante,* que es el que mejor encaja actualmente con el modelo mercantil. La idea es no generar transgresión ni incomodidades, sino «producir» obras que no tengan una raíz geográfica (incómoda para el mercado), que sean fácilmente exportables (portátiles e interculturales) de una feria a otra, de una galería a otra, sin los inconvenientes del localismo. Es decir, se necesitan artistas (nómadas en todos los sentidos) que pongan un poquito de su origen nacional, un poquito de la actualidad, que *sampleen* culturas remotas y que no se metan en «líos» políticos o, mejor, que interpreten lo político, por ejemplo, desde algo tan etéreo como «lo poético». Esta es la fórmula para el nuevo mercado. El nomadismo se ofrece aquí conceptualmente reconfigurado como forma de despolitización radical o vaciado «de lo conflictivo» de la obra. Si el comprador es de origen asiático no querrá algo demasiado occidental, por ejemplo, pero tampoco algo en exceso oriental. Se trataría de crear políticas consensuales de proximidad, muy similares, como detecta Rancière, a las políticas de proximidad que postulan los gobiernos neoliberales[18]. De ahí que la estética relacional sea una estética consensual, asumida perfectamente en el marco cultural neoliberal. De la estética relacional al *radicante* todo tiene el objetivo de vender y no ofender. Ese sería su lema monacal, y a partir de ello construye su teoría[19]. Anthony Downey lo exponía sintéticamente del siguiente modo: «Si las

---

[18] Bourriaud responde a Rancière en el siguiente texto: «Precarious Constructions. Answer to Jacques Rancière on Art and Politics», disponible en [http://classic.skor.nl/article-4416-nl.html?lang=en].

[19] Véase C. Bishop, *Artifical Hells. Participatory Art and the Politics of Spectatorship,* Verso, Londres, 2012. Con respecto a las críticas hacia la estética relacional, véase también el interesante trabajo de S. Martin, «Critique of Relational Aesthetics», *Third Text* 21(4), 2007, pp. 369-386.

prácticas de arte relacional están efectivamente reflejando o utilizando canales de relaciones intersubjetivas, entonces hay una necesidad de preguntar si están o no están aplicando las ya invasivas prácticas de la mercantilización neoliberal tanto en el llamado ámbito privado y, subsecuentemente, al espacio intersticial relacional entre el arte, las instituciones y su público»[20].

Resulta curioso cómo otros teóricos han desarrollado análisis sobre este indudable fenómeno de lo social en el interior del arte contemporáneo. Sin embargo, dichos teóricos han quedado diluidos dada su ausencia de control sobre el mercado, dada su imposibilidad «conspiratoria». Es el caso, por ejemplo, de Grant Kester y sus *Conversation Pieces*[21], donde habla del papel de la conversación en el arte contemporáneo (desde un posicionamiento explícitamente habermasiano), o de Tom Finkelpearl, quien reflexiona sobre el «arte público basado en el diálogo»[22]. Estos teóricos y críticos, aún ahondando en algunas cuestiones a las que Bourriaud ni se acerca, han tenido un destino menos «popular» que el del curator francés debido, fundamentalmente, a su menor control y cercanía a las cuestiones del mercado. En este contexto, tal vez, sus posicionamientos teóricos y artísticos podrían haber ofrecido una reflexión mucho más acorde con los tiempos (y posicionamientos mercantiles) que la que se ha desarrollado en el marco de la denominada estética relacional.

Hablando de esta situación provocada por la estética relacional el artista Pablo Helguera, en su *Manual de estilo del arte contemporáneo,* lo expresa con una ironía no exenta de crítica. En la entrada «Estética relacional» podemos leer: «Filosofía articulada por el curador Nicolas Bourriaud que ayudó a justificar la tendencia o necesidad de artistas y curadores de viajar constantemente por el mundo para implementar su profesión, utilizando a las comunidades locales como su medio. La estética relacional, si bien dependiente

---

[20] A. Downey, «Towards a Politics of (Relational) Aesthetics», *Third Text* 21(3), 2007), pp. 267-275.

[21] G. Kester, *Conversation Pieces. Community and Communication in Modern Art,* University of California Press, Oakland, 2004.

[22] T. Finkelpearl, *Dialogues in Public Art,* Massachusetts Institute of Technology Press, 2001. Otro caso de interés sería el de Peter Dunn y la llamada «estética colaborativa». Véase su trabajo junto a Loraine Leeson, «The Aesthetics of Collaboration», *Art Journal* 56(1), Aesthetics and the Body Politic (Spring, 1997), pp. 26-37.

hacia la localidad, ha generado asimismo el síndrome de la "vergüenza parroquial" del artista o curador que comúnmente vive en un pueblo lejano, que no es invitado a ninguna parte para hacer su obra, no tiene la oportunidad de ver exposiciones internacionales y, por tanto, no tiene la oportunidad de producir fórmulas culturalmente exóticas que sean relevantes al gran diálogo relacional. La estética relacional es una teoría patrocinada por las fundaciones de arte contemporáneo europeas»[23]. (Lo «culturalmente exótico» sería otra buena definición.) En otra perspectiva, situada en la propia dialéctica de las relaciones entre arte y relaciones sociales, encontramos la exposición *Living as Form* (2011)[24], comisariada por Nato Thompson, quien sostiene en el texto del catálogo que esa «estética relacional» se conformó como una maniobra o un gesto superficialmente crítico y cercano (demasiado) a un *cocktail vip* (de «Arty Party» o de «Chat rooms» hablará Hal Foster) como un gesto fetiche para amortiguar la conciencia[25]. Más recientemente el mismo Hal Foster ha reflexionado sobre este impacto *relacional* apuntando que a tales prácticas se les atribuye «una determinada política sobre la base de una débil analogía entre una obra de arte abierta y una sociedad inclusiva, como si una disposición inconexa de tales materiales pudiera evocar una comunidad democrática». Pero ¿cuál es la consecuencia de esto para la propia práctica artística? Foster insinúa la siguiente: «Esto indica que la colaboración

---

[23] P. Helguera, *Manual de estilo del arte contemporáneo,* La tumbona, México, 2005, p. 104.

[24] Véase [http://creativetime.org/programs/archive/2011/livingasform/index.htm].

[25] «Cuando el artista Rirkrit Tiravanija cocinó Pad Thai en una galería del Soho, el trabajo fue elogiado como una redefinición radical de lo que el arte debía ser. Nicolas Bourriaud describió este proyecto como un trabajo seminal de lo que dará en llamar "estética relacional". Con el tiempo, muchos en el entorno artístico así como en el activismo observaron que este tipo de performatividad era fácilmente digerible por el propio poder. Para algunos, había demasiadas similitudes entre un cóctel VIP y las experiencias personales íntimas definidas por gran parte del trabajo reunido bajo el rótulo de estética relacional. Al mismo tiempo, surgieron sospechas fundadas de que algunos artistas que decían defender una supuesta ambición y contenido político parecían simplemente mercaderes que viajaban por el mundo comerciando con algo que llamaban "activismo" y "cultura simbólica". Para citar al artista, anarquista y activista Josh MacPhee: "Estoy cansado de que los artistas fetichicen la cultura activista y la muestren al mundo como si fuera su invento"». N. Thompson, *Living as Form. Socially Engaged Art from 1991-2011,* Massachusetts Institute of Technology Press, Massachussets, 2012, p. 31.

amenaza con volverse autónoma y automática; se anima a la colaboración, como a la activación, cual fin en sí mismo»[26].

La pregunta, situándonos en esta perspectiva de crítica sobre la base de los elementos mercantiles de la obra de arte, es la misma que le que plantea Claire Bishop a Nicolas Bourriaud, a saber: ¿qué clase de relaciones produce el arte relacional? Para Bishop la impostura democrática de la estética relacional parte del hecho de que se trata de obras políticas «en el sentido más vago de promover el diálogo sobre el monólogo»[27]. Escribe Bishop: «Todos comparten el interés por el arte y lo que de allí [en la situación generada en una obra de Tiravanija] resulta son rumores del mundo artístico, comentarios sobre muestras y ocasiones de coqueteo. Aunque hasta cierto punto es una buena forma de comunicación, no es en sí ni de por sí representativa de la "democracia"»[28]. No solo Tiravanija. Ahí está, por ejemplo, la *performance* de Dimitri Gutov, titulada *La última cena* (1996) donde comisarios y artistas participan en una cena para hablar de cooperación en el interior de la propia galería. Se aparenta una forma de disposición democrática en un territorio alejado de cualquier posible pulsión democrática. Bishop considera que Bourriaud es consciente –y seguramente lo sea– de este problema, pero no lo señala en el caso de los artistas que promueve, ya que insiste en que su objetivo es «conectar a la gente, crear una experiencia interactiva y comunicativa»[29]. Pero ¿para qué? «Creo –escribe acertadamente Bishop– que si uno se olvida del "para qué", queda un mero "arte Nokia", que produce relaciones interpersonales por el solo hecho de hacerlo, sin llegar nunca a apelar a los aspectos políticos de esas relaciones». Producir relaciones *por el solo hecho de hacerlo* es la marca, o el sello, de este formalismo[30].

---

[26] H. Foster, *Malos nuevos tiempos, op. cit.*, p. 174.

[27] C. Bishop, «Antagonismo y estética relacional», disponible en [http://www.untref.edu.ar/cibertronic/lopublico_loprivado/nota12/claire-bishop_relacionismo-y-estetica-relacional.pdf].

[28] *Ibid.*

[29] Esto dice Bourriaud al referirse a la obra de Tiravanija.

[30] Bourriaud habla de «un deseo colectivo de crear nuevos espacios de sociabilidad y de instaurar nuevos tipos de transacción frente al objeto cultural. A la "sociedad del espectáculo" le sucedería entonces la sociedad de los figurantes, donde cada uno encontraría en los canales de comunicación [...] la ilusión de una democracia interactiva». N. Bourriaud, *Estética relacional, op. cit.*, p. 28.

En este sentido, evidentemente, «dialogar en lugar de monologar no asegura ningún cambio»[31]. Porque no debemos olvidar que uno de los objetivos de Bourriaud es –como cualquier Ministerio de Igualdad o centro cívico– «inventar formas de estar juntos», donde la palabra «formas» no tiene un carácter neutral, sino que se acerca a eso que en la Francia del mediado siglo XIX se llamaba la pintura del *juste milieu.* Entonces, ¿puede ser algo tan *naif* un objetivo estético, artístico, social y político? En efecto, el hecho de (re)presentar el diálogo como práctica autónoma deriva finalmente en la propia mistificación del diálogo como práctica. En este sentido, el arte participativo «no es un medio político privilegiado, ni una solución *ready-made* para la sociedad del espectáculo, sino que es una democracia incierta y precaria en sí misma; tampoco está legitimado de antemano, sino que necesita ser ejecutado y probado continuamente en cada contexto específico»[32].

Reescribir la modernidad (o la retórica de los tiempos propicios)

El trabajo de Bourriaud se ha encaminado no solo hacia el aspecto mercantil del hecho artístico –tal como hemos señalado en el epígrafe anterior–, sino que ha sabido ejercer y dibujar sobre ese marco un cuidado envoltorio teórico. Así lo ha mostrado a través de influyentes trabajos como los ya mencionados en varias ocasiones: *Estética relacional, Postproducción* y *Radicante.* Todos estos libros, junto a otros textos y escritos, suponen avances en sus propias concepciones mercantiles del arte. Cada libro se acompaña de una apuesta por determinados artistas que él difunde a través del comisariado de exposiciones. Si nos centramos ahora en un trabajo como *Radicante* (cuya influencia tanto en las artes visuales como en la literatura ha sido importante) podemos rastrear el plan teórico de Bourriaud, perfectamente orquestado. Su propuesta, como otras que hemos visto, supone la revisión de la modernidad sin rechazar su aspecto formalista pero eliminando todo factor crítico tanto hacia el mercado como hacia la propia historia

[31] C. Bishop, «Antagonismo y estética relacional», *op. cit.*

[32] C. Bishop, *Infiernos artificiales, op. cit.,* p. 446.

del arte. Hemos insistido en ello en varios momentos. Podemos leer ahora algunas de sus propuestas. Escribe: «Los tiempos parecen propicios para la recomposición de lo *moderno* en el presente, a la posibilidad de reconfigurarlo en función del contexto específico en que vivimos. Porque existe un *eón* moderno, un soplo intelectual que atraviesa los tiempos, una manera de pensar que adopta la forma que le dan las circunstancias y que se formatea a partir de los contornos puntuales de la adversidad que cada época opone»[33]. Esta inquietante retórica de los *tiempos propicios* en manos de Bourriaud podría tener varias lecturas: por un lado, puede leerse desde la óptica de un cierto cansancio de lo posmoderno (en tanto que saturación poco efectiva) y, por otro, al hilo del epígrafe anterior, cabe la posibilidad directa de ser comprendida esa retórica desde un marcado interés mercantil-oportunista. Sin embargo, esos tiempos son propicios (por el motivo que sea) para la recomposición, para el retorno de una modernidad difusa, en tanto que existe ese *eón* moderno. Un retorno de (a) lo moderno que en realidad Bourriaud entiende como una reactivación actualizada de este, pero una reactualización (nada menos que del espíritu moderno del impresionismo) que tiene como esquema una reducción de sus intenciones originales, y donde afirma «la emergencia de una nueva subjetividad»[34]. Por ello escribe: «Vanguardia, universalismos, progreso, radicalidad: nociones vinculadas al modernismo de ayer, al que no habría ninguna necesidad de volver para reivindicar la modernidad»[35]. Entonces ¿cuál es el núcleo de esa nueva modernidad que abre y fractura las diferentes apuestas posmodernas para los artistas? Una modernidad sin vanguardia, sin radicalismo, ¿esa es la respuesta? Es decir, un arte realmente desactivado, autocomplaciente, meramente operacional, preocupado por un proceder esteticista y destinado a ser supuestamente representacional. Dicho de otro modo: la vanguardia vuelta estilo, la vanguardia como manierismo. Según Bourriaud, los artistas «llevan en el núcleo de sus prácticas los principios esenciales a partir de los que podría volver a constituirse una modernidad. Principios que podríamos enumerar: el presente, la experimentación, lo

[33] N. Bourriaud, *Radicante, op. cit.,* p. 14.
[34] *Ibid.,* p. 140.
[35] *Ibid.,* p. 15.

relativo, lo fluido»[36]. Una modernidad que toma la vanguardia como estilo, es decir, como fetichización de la experimentación; una modernidad sin radicalismo pero relativista y «fluídica». Y es en este marco en el que escribe las líneas generales de un manifiesto neomoderno (que olvida su aspecto político pero que reactiva su presentismo económico). Leamos: «La experimentación, porque ser moderno es arriesgarse a aprovechar la ocasión, *kairós*. Es *aventurarse:* no conformarse con la tradición, con las fórmulas y categorías existentes, sino abrir nuevos caminos, volverse piloto de pruebas. [...] El moderno es partidario del *acontecimiento* contra el orden monumental, de lo efímero contra los agentes de una eternidad de mármol; una apología de la *fluidez* contra la omnipresencia de la cosificación»[37]. En un libro más reciente, y particularmente desconcertante en algunas de sus fases, titulado *La exforma,* escribe que una de las tareas primordiales del arte político es «extender el potencial creativo del ser humano en todas sus formas»[38], algo, por otra parte, que gurús del emprendimiento como Richard Florida[39] llevan tiempo demandando. Una de las cuestiones que primero llama la atención de este tipo de textos es su cercanía retórica a los libros de gestión empresarial, como mensaje hacia emprendedores: aventura, fluidez, ser piloto de pruebas, etc[40]. Y aquí obviamente regresamos a la idea con la que habriamos el libro: ¿no es todo esto una forma de señalar el único camino posible, el del artista como emprendedor?[41]. Una vez asumido esto, otra pregunta que nos asalta entonces es ¿cuál es ese acontecimiento, cuál es ese presente capital en la acción del artista nuevamente moderno (aunque filtrado y educado en lo posmoderno)? ¿Qué implica esa flui-

---

[36] *Ibid.*

[37] *Ibid.,* pp. 15-16.

[38] Añade: «El arte expone el carácter no-definitivo del mundo. Lo disloca, lo recompagina, le devuelve su desorden y su poesía». N. Bourriaud, *La exforma,* trad. de E. Berti, Adriana Hidalgo editora, Buenos Aires, 2015, p. 73.

[39] Véase al respecto R. Florida, *La clase creativa. La transformación de la cultura del trabajo y el ocio en el siglo* XXI, trad. de M. Asensio, Espasa, Madrid, 2010.

[40] Sobre este tema véase L. E. Alonso y C. J. Fernández, *Poder y sacrificio. Los nuevos discursos de la empresa,* Siglo XXI de España, Madrid, 2018.

[41] En *Estética relacional* apuntaba que el artista es un «empresario/político/realizador. El denominador común entre todos los artistas es que muestran algo. El hecho de mostrar basta para definir al artista. Se trata de una representación o de una designación». N. Bourriaud, *Estética relacional, op. cit.,* p. 136.

dez no-crítica? La respuesta de Bourriaud es marcadamente económica y confusa: la globalización. El *ahora* del artista es ese marco globalizado, y el artista moderno es quien actúa en ese mundo globalizado jugando/usando sus formas (experimentación sin radicalismo, sin crítica). No obstante, lo que sorprende (en cierta medida) es la sutil y extraña alianza que acepta, casi como una «petición de principio», entre globalización económica y globalización cultural. Escribe, reduciendo estratégicamente el concepto de modernidad: «En el siglo XIX, en Europa, la modernidad se cristalizó en torno al fenómeno de la industrialización; al principio del XXI, la mundialización económica trastorna nuestros modos de ver y de hacer con una brutalidad similar»[42]. Y añade: «Apostemos por una modernidad que, lejos de ser un absurdo calco de la del siglo pasado, sea específica de nuestra época y haga eco de sus propias problemáticas: una *altermodernidad* –atrevámonos con la palabra–»[43]. Su *altermodernidad* implica una revisión «encantada/cándida» de lo moderno (una modernidad entendida en su aspecto formal y que obvia todas su configuraciones sociales e ideológicas) en el marco de lo que el propio Bourriaud había denominado *tiempos propicios.* Pero insisto: una modernidad (actualizada) donde el propio Bourriaud juega al intercambio de máscaras entre lo económico y lo cultural, donde la complejidad y disensión de la modernidad se disfraza de diálogo simple y consensual. Es decir, se pretende actuar artísticamente en el mercado global, no en un espacio cultural global. O dicho de otro modo: interesa actuar globalmente en los países emergentes[44] (como en la modernidad del XIX interesaba actuar en las colonias), por ejemplo, o con grandes potencias como China. Ahí se sitúa para Bourriaud la alternativa moderna, y ahí es donde actúa el *artista radicante* (como alternativa al artista radical de la modernidad). Pero ¿quién es ese artista que juega entre las fronteras de la modernidad renovada y los mercados globales? Apunta: «Ser radicante: poner en escena, poner en marcha las propias raíces en contextos y formatos heterogéneos, negarles

[42] *Ibid.,* p. 17.

[43] *Ibid.,* p. 19.

[44] Frédéric Martel, en su trabajo *Cultura Mainstream* se refería precisamente a este hecho, tomado muy en serio por la propia industria cultural occidental. Escribía Martel: «Está emergiendo la cultura de los países emergentes». Surgiendo en este marco lo que denomina «guerra de formatos». F. Martel, *Cultura Mainstream, op. cit.,* pp. 16 y ss.

la virtud de definir completamente nuestra identidad, traducir las ideas, transcodificar las imágenes, transplantar los comportamientos, intercambiar en vez de imponer»[45]. El artista radicante se opone al artista radical. El artista radicante –cuya genealogía nos llevará a Paul Gauguin– no cuestiona sino que establece raíces desde diferentes territorios. Es una especie de viajero (descontextualizante) incansable y un traductor incapaz de desfallecer en su tarea. Este podría ser el aspecto mistificable, al estilo del hombre ilustrado del XVIII. Sin embargo, la realidad es menos filosófica. El artista *radicante* tiene su residencia en los aeropuertos y zonas de servicio (el lugar común del no-lugar). No se trata, ahora bien, de una tendencia operativa de carácter internacionalista, sino, al contrario, de un nomadismo *marcadamente* estético. Así, apunta: «Cuando el artista radical quería volver a un lugar originario, el radicante se pone en camino, y sin disponer de ningún espacio a donde *volver:* no existe en su universo ni origen, ni fin, excepto los que decida fijarse para sí mismo. [...] Lo que cuenta ahora es la facultad de aclimatación a contextos diversos y los productos (las ideas, las formas) que generan aculturaciones temporales»[46]. Una aclimatación a contextos diferentes, a regiones diferentes donde el artista radicante (que actúa con productos definidos como ideas y formas), en tanto que nómada espacial y estético, debe mostrar *lo que hay* sin introducir ningún factor crítico o radical; haciendo suyo el espacio transitado a través del *sampling,* haciéndolo suyo con un fin epifánico, y a la par esteticista. Es decir: «Dar noticias del mundo, advertir las mutaciones en nuestro medio ambiente, mostrar cómo los individuos se desplazan o se inscriben dentro de su contexto vital»[47]. Este es el territorio del nuevo artista *radicante* y nómada: la búsqueda de esos acontecimientos extraídos de sus contextos originarios para convertirlos en obras *transoriginales,* mostrables en cualquier territorio, consensuales, «reapasionadoras», poéticas. Por eso añade que «el acontecimiento moderno, en su esencia, se presenta como la constitución de un grupo que atraviesa, arrancándolos, las pertenencias y los orígenes: sea cual sea su género, su clase social, su cultura, su origen geográfico o histórico,

[45] N. Bourriaud, *Radicante, op. cit,* p. 22.

[46] *Ibid.,* p. 57.

[47] *Ibid.,* p. 32.

o su inclinación sexual, constituyen un grupo definido por su dirección y su velocidad, una tribu nómada sin el lastre de un anclaje anterior, de cualquier identidad fija»[48]. Sin duda este texto es significativo de este formalismo del activismo cultural neoliberal: extraer todo componente vinculado a la clase social, al origen cultural, etc., generando una obra cómoda en un universo mercantil necesitado de estos modelos asimilables. Es decir: vanguardia y consenso. En definitiva, el artista tiende a «traicionar sus orígenes negociándolos en el mercado de los signos, hibridarlos con los de vecinos más o menos lejanos, renunciar al valor asignado de los materiales culturales para beneficio de su valor de uso local, *convertible:* este es el programa»[49]. Es decir, el artista *radicante* es aquel artista nómada (tanto estética como espacialmente) que recoge materiales de las diversas tradiciones con las que se encuentra (en tanto que esas tradiciones estén bajo el marco de una economía fuerte o emergente y que posean instituciones artísticas que lo legitimen) y lo traduce a lenguajes no críticos y perfectamente asumibles tanto por el ámbito local como por el marco global económico que es su último destino. De esta forma el artista *radicante altermoderno* se entretiene en el desarrollo de productos finalmente estéticos (y estetizantes) pero asemejándose a un viajante que negocia incasablemente con personas que no conoce y que, de vuelta a la habitación de su hotel, trata de traducir todo eso que ha negociado en el mercado de los símbolos. Un tipo de traducción que Bourriaud no define, o que podemos entrever que observa en el sentido de negociación. Traducir como negociar. De hecho, llega a sostener que si bien el arte de vanguardia «se basaba en el conflicto el imaginario de nuesta época se preocupa por las negociaciones»[50]. Dicho en otros términos: el artista como traductor epifánico. El mismo Bourriaud lo describe: «Lejos de imitar los signos del modernismo de ayer, se trata hoy en día de negociar y deliberar [...], en lugar de emular los gestos de la radicalidad»[51]. ¿Emular la radicalidad? Este es el arte de «vanguardia» que se ajusta perfectamente a los deseos neoliberales de una cultura abierta y consensual. Es

[48] *Ibid.,* p. 47.

[49] *Ibid.,* p. 87.

[50] N. Bourriaud, *Estética relacional, op. cit.,* p. 54.

[51] N. Bourriaud, *Radicante, op. cit.,* pp. 87-88.

este, pues, uno de los modos de exploración de lo moderno (sin radicalidad) en el siglo XXI; una exploración, como aquella, donde la autonomía del medio, el formalismo, es capital, pero que en su actualización radicante elimina todo proceso cuestionador en favor de un sentido consensual y negociador, aparentemente democratizador. Así, por ejemplo, el nuevo formalismo del *sampleador/* radicante, nació «en el caos cultural producido por la globalización y la mercantilización del mundo; por lo tanto *debe conquistar su autonomía* respecto a los diferentes modos de asignación identitataria»[52]. Por ello, la autonomía entendida como «pureza del medio» ahora reside en la mezcla sin un centro, sin un lugar de origen, lo que produce «obras» neutras, de suma cero, perfectamente manipulables. Sin embargo, ese «efecto democratizante» del que Bourriaud hace alarde en varias páginas del libro entra en pleno conflicto con el elitismo *radicante,* algo visible en su intención no contaminante con respecto a raíces y contextos. Se invade un territorio y, acto seguido, se manejan/manipulan sus símbolos (que pierden su contacto real) en tanto que formas, o en tanto que *exformas,* término con el que trata de hacer referencia al interés por el residuo en el arte contemporáneo. Tal vez teniendo en mente esta vanguardia-sin-vanguardia de Bourriaud (o tal vez teniendo en cuenta su murmullo) Hal Foster se propone reivindicar aún un modelo de vanguardia para el presente, que podemos leer brevemente en una especie de contralectura de Bourriaud. Detengámonos en esto un momento.

Foster acepta la derrota crítica típica del posmodernismo, pero en lugar de abogar por lo consensual desactivado señala que esta «vanguardia, nada heroica, no se pretenderá capaz de romper con el viejo orden o encontrar otro nuevo; más bien tratará de rastrear fracturas ya existentes en el orden dado, para presionar más sobre ellas, para de algún modo activarlas»[53]. Se trata, asumiendo un eje similar en cierto punto a Bourriaud, de un camino que difiere, o que toma mayor conciencia de su propio problema y lugar. Es decir, se pregunta por cómo activar esas fracturas y qué dirección tomar. Así añade que «ni vanguardia, ni retaguardia, esta guardia permanecerá en una posición crítica inmanente y, sin abandonarla,

---

[52] *Ibid.,* p. 67.

[53] H. Foster, *Malos nuevos tiempos, op. cit.,* p. 119.

a menudo adoptará una postura de exacerbación mimética. Si alguna vanguardia es relevante para nuestro tiempo, es justamente esta». Es evidente el problema o la incomodidad de Foster en este punto. Vanguardia sí y vanguardia no, al mismo tiempo. Como referencia, Foster está pensando en una serie de artistas en concreto: Jeremy Deller, Thomas Hirschhorn o Mike Kelley, entre otros. Es en ellos, en los que ve una reactivación de las ideas dadá (a través de la figura de Hugo Ball) así como del legado de Claes Oldenburg. Aquí reside la potencia expresiva que va a diferenciar la lectura de Foster. La propuesta de Foster es menos nostálgica (se basa en los nuevos malos tiempos) y más activa políticamente dentro de los parámetros del arte participativo. Junto a ello, la evidencia de una lucidez crítica mayor en la propuesta de Foster, quien observa y anota los inevitables problemas inherentes a su propia propuesta. No cabe duda, al menos así opino, que la lectura de Foster adquiere mayor voltaje en la autocrítica; esto es, en el momento en el cual lee de cerca los problemas vinculados a una propuesta de este tipo. Escribe acerca de los artistas que él mismo ha incluido en su repertorio: «Para la mayoría [de los artistas mencionados] hay escasa esfera pública fuera de este "cubo de basura capitalista" y escasas relaciones con objetos más allá de su espacio, y por eso trabajan con los materiales de consumo e información trufada de entretenimiento que han recibido. Como los tipos modernos de objeto escultórico –sobre todo, el *ready-made* y el *assemblage*– fueron concebidos para una etapa diferente del desarrollo capitalista, a menudo parecen en obras contemporáneas no solo anticuadas, sino casi patéticos –hipertrofiados o arruinados, o ambas cosas–»[54]. Otro eje problemático detectado por Foster es la tendencia o la pulsión nihilista que en ocasiones funciona a modo de pareja de estos procesos de retorno desactivado. Lo detecta con nombres en concreto: «este nihilismo es actualizado por artistas como Damien Hirst y Maurizio Cattelan, para quienes lo esencial es menos "sobrevivir a la civilización" que regocijarse en su degradación»[55]. Este es el peligro: la aceptación acrítica de lo dado. En realidad, la celebración de lo dado a través de un cinismo domesticado; aclamado en algún caso por el activismo cultural neoliberal. Así pues,

---

[54] *Ibid.*, p. 120.
[55] *Ibid.*, p. 121.

existe una frontera muy fina en la lectura de Foster dentro de la cual aún puede pervivir el concepto de vanguardia vinculado a la crítica. Foster parece no querer renegar de ello, frente al modelo consensual y cínicamente «situacionista» de Bourriaud: «Y, sin embargo, con todos estos peligros y otros antes señalados (un regodearse en síntomas mórbidos, una extraña atracción por la autodestrucción y otras actitudes) sigue existiendo una fuerza crítica en este "órgano de lo extravagante"»[56]. Por supuesto, el elemento crítico vertebra esta propuesta, aunque la duda que sobrevuela es hacia dónde ha de ir la crítica, cuál ha de ser su punto de partida. El neoliberalismo ha sabido producirse como una teoría «del todo»; se ha instalado como horizonte sobre el cual se dibujan los modos de hacer y de sentir, así como los límites de lo posible y de lo decible. Frente al neoliberalismo no parece haber un *otro* con pretensiones totales similares, sino más bien una propuesta crítica fragmentada que tiende a situarse como pequeña herramienta disensual, cuyo afán es presionar para jugar a herir ese horizonte. Aceptando esta premisa-problema, Foster se plantea algo que Bourriaud ha dejado de lado: «¿Cómo hemos podido llegar a un punto en que la crítica es rechazada?»[57]. Foster responde proponiendo: «Hay que intervenir en lo dado, darle la vuelta de alguna manera y llevarlo a otra parte. Pero esa otra parte se abre a través de la crítica, las alternativas no se manifiestan fácilmente, y mucho menos están lo suficientemente motivadas»[58]. En este debate crítico, Martha Rosler apunta una perspectiva clave al sostener que no existe un final para el arte que adopta una postura crítica, a pesar de que el mercado trate de desbordarlo. A lo que añade que «es la brecha entre la producción de la obra y su absorción y neutralización la que deja un margen para la lectura adecuada y su capacidad para hablar de las condiciones presentes»[59].

Pero quedó algo pendiente. Es evidente que si Bourriaud apunta hacia ese rechazo, más arriba mencionado, de lo identitatario como elemento de esa nueva modernidad y trata, a su vez, de conectarlo con la modernidad del siglo XIX, no sorprenda la referencia (a modo

---

[56] *Ibid.*

[57] *Ibid.*, p. 145.

[58] *Ibid.*, p. 135.

[59] M. Rosler, *Clase cultural, op. cit.*, p. 66.

de genealogía) a un personaje como Paul Gauguin, que sería para él un ascendente clave, vertebrador incluso de su visión de lo *radicante.* Más aún, nos dice que «la modernidad era el arte de los "sin patria"»[60]. Los artistas *radicantes,* al igual que Gauguin, según Bourriaud, rechazan el sentido de pertenencia a una raíz y exploran y traducen lo «exótico». Escribe: «Paul Gauguin no explota el contexto cultural en que se instala: lo traduce». Según Bourriaud, Gauguin «no importa motivos indígenas hacia la pintura occidental sino que intenta tratar pictóricamente su encuentro con el territorio polinesio»[61]. Esto es, *tratar pictóricamente su encuentro* implica tanto un relativismo prototípicamente colonialista como una descontextualizada aceptación formal del arte polinesio. De esta forma sitúa a Gauguin, en líneas generales, como «abuelo» del espíritu *radicante.* Ahora bien, Bourriaud obvia por completo buena parte de la imagen que se tenía de Gauguin, precisamente, en *su modernidad.* Bourriaud construye eficazmente, de nuevo, un Gauguin a su medida. Si nos fijamos en el modo en el que sus contemporáneos lo veían observaremos otra perspectiva: «[Gauguin] siempre está cazando furtivamente en la tierra de alguien, ahora está saqueando a los salvajes de Oceanía»[62]. De esta forma hablaba Pisarro, quien representaba a un amplio sector de artistas que veían en Gauguin simplemente a un oportunista que sabía cómo producir obra capaz de atraer a los nuevos y acaudalados empresarios colonizadores; de hecho serán las colonias su objetivo. Pisarro está sugiriendo que Gauguin se ha apuntado a una corriente de moda y que no está realizando obras originales, sino cuadros que sabía que iban a gustar «a una burguesía que estaba redescubriendo diferentes cultos religiosos y espirituales. Pisarro tenía algo de razón, estos nuevos intereses fueron evidentemente avivados por las interpretaciones del colonialismo»[63]. Aquí podemos hallar el vínculo (tan deseado por Bourriaud) entre aquella y esta modernidad. No debemos olvidar, además, que Gauguin a «la vez burgués y bohemio, [...] llegó a Tahití con un sombrero inspirado en Buffalo Bill, y sus actitudes allí fueron a veces

---

[60] N. Bourriaud, *Radicante, op. cit.,* p. 86.

[61] *Ibid.,* p. 72.

[62] Cit. en G. Perry, «El primitivismo y lo moderno», en G. Perry, F. Frascina y Ch. Harrison, *Primitivismo, cubismo y abstracción,* trad. de J. J. Usabiaga Urkiola, Akal, Madrid, 1998, p. 33.

[63] *Ibid.*

objeto de burla por el bando indígena y a menudo condenadas por el bando colonial»[64]. Y en esto, así como en esta tendencia a «traducir» lo exótico para su «mercantilización», sí que se parecen (y se conectan de modo efectivo) la modernidad y la altermodernidad de Bourriaud: «Habitantes de un mundo fragmentado, en que los objetos y las formas abandonan el lecho de su cultura de origen para diseminarse por el espacio global, ellos o ellas [los y las artistas] erran a la búsqueda de conexiones que establecer».[65]

Hagamos un paréntesis. Otro más. Aventuremos otra hipótesis de lectura. Podemos explorar otra forma de conexión *con eso que Bourriaud llama modernidad.* En su punto original de conexión busca Bourriaud la cadena de filiación moderna a través de una lectura sesgada de Manet, Seurat o Gauguin en tanto que muestran nuevas posibilidades. Dicha lectura implica que lo que hay que recuperar es el espíritu moderno eliminando de este –en tanto que tiempo propicio– todo radicalismo, pero sobre todo cualquier elemento crítico. Partiendo de este punto, la pregunta es evidente: ¿qué nos queda entonces? Es sencillo: una modernidad que *efectivamente* no existió en tanto en cuanto esta es reducida a un sentido unitario y fácilmente rellenable en función del relato que se haga de ella. No obstante, podríamos aportar otra lectura, podríamos verlo desde otro ángulo crítico. ¿Y si la modernidad *a lo Bourriaud* existió realmente? De ser esto cierto, no sería la modernidad *tipo Manet* a la que debería haber acudido Bourriaud, sino a la modernidad alternativa que ya existió en el siglo XIX, esa a la que se bautizó como pintura del *juste milieu;* ese centrismo liberal tan contraproducente, según Marx. Se trataba de un movimiento moderno pero *intermedio* (y ecléctico) que se situó entre la academia y los artistas independientes, y cuyo lema, al igual que el defendido por Bou-

[64] H. Foster, «Escenas primitivas», en H. Foster, *Dioses prostéticos,* trad. de A. Brotons Muñoz, Akal, Madrid, 2008, p. 34. O la imagen que los dadaístas tenían de Gauguin, que se deja traslucir tras estas palabras de Walter Serner escritas en 1917: «Alrededor de una bola de fuego corre a toda pastilla una bola de mierda sobre la cual se venden medias de seda para señoras y se habla de Gauguin. Un aspecto en verdad sumamente deplorable que, sin embargo, permite al fin y al cabo ciertas distinciones: las medias de seda pueden ser disfrutadas, Gauguin no». En W. Serner, *Manual para embaucadores (o para aquellos que pretendan serlo),* trad. de L. Gutiérrez Ruiz, El desvelo, Santander, 2011, p. 33.

[65] N. Bourriaud, *Radicante, op. cit.,* p. 117.

rriaud, era un eclecticismo no crítico. Un eclecticismo (nómada) útil estética e ideológicamente tanto para las instituciones como para el público coleccionista. Tal como señalan Nigel Blake y Francis Frascina, «el eclecticismo se convirtió [mediado el siglo XIX en Francia] en la filosofía oficial, y si esta filosofía relacionaba políticamente a la pintura del *juste milieu* con el gobierno, socialmente esta estaba relacionada con la burguesía»[66]. Los temas del *juste milieu* (entendida esta pintura como «otra modernidad» frente a la cual Baudelaire en el Salón de 1846 se lanza ferozmente por su nulo sentido crítico y su afán estrictamente efectista sobre la sociedad mercantil) se situaban eficazmente entre lo académico y lo «radicalmente moderno». Así, el *juste milieu* era una forma de «arte moderno» que respondía a las condiciones modernas –podemos pensar en algunas obras de Paul Delaroche–, en tanto que reflejaba el individualismo y la forma de vida de una nueva sociedad, pero tratando de satisfacer las demandas de una sociedad adinerada que buscaba salir de lo académico, eso sí, sin caer en cuestiones críticas, políticas o de cuestionamiento de las instituciones de las cuales partían y ante las que debían justificarse. Se buscaba un arte moderno y prudente al mismo tiempo. Esto es, ser moderno sin que eso implique disensiones con lo establecido. De ahí la importancia del eclecticismo (tema sobre el que incidiremos más tarde, y del que es muy consciente Bourriaud). Como bien apuntan Blake y Frascina, probablemente «el *juste milieu* es uno de los productos más típicos de esta sociedad moderna y de tal proceso de normalización; despoja al romanticismo y al "elevado" clasicismo académico de todo potencial crítico, reduciéndolos a la condición de meros repertorios de estilos y de temas típicos, que pueden ser reconducidos hacia unos nuevos fines, ignorando sus funciones ideológicas originales»[67]. Quizá, aunque hayamos resumido notablemente, pueda verse desde este ángulo que la genealogía de Bourriaud puede tener otras «raíces»; unas raíces puramente formales que buscaban, al igual que él, «nuevas formas de estar juntos», reduciendo toda acción a un «repertorio de estilos». Cerramos paréntesis.

---

[66] N. Blake y F. Frascina, «La práctica moderna del arte y de la modernidad», en VVAA, *La modernidad y lo moderno. La pintura francesa en el siglo XIX,* trad. de I. Bennasar, Akal, Madrid, 1998, p. 69.

[67] *Ibid.,* p. 72.

Bourriaud, con su peculiar retórica laudatoria, expone ese estatus aéreo y despegado de cualquier disidencia posible. Alude a conceptos como don, apertura, generosidad, todos ellos políticamente correctos que quedan subsumidos por el personaje nómada, «alérgico [se refiere a Tiravanija] a las clasificaciones nacionales, sexuales o tribales»[68], es decir, leído desde otro ángulo: alérgico a toda implicación crítica con respecto a la globalización cultural, para tratar de subsumirla en la globalización económica. La negación o rechazo de esas «clasificaciones» no implica un cuestionamiento de lo dado/pactado, sino que por el contrario implica un estadio formalista/relativista situado por encima del bien y del mal. Y añade: «Ciudadano del espacio público internacional, no hace más que atravesarlas [las clasificaciones] durante un tiempo determinado antes de adoptar una nueva identidad, es universalmente *exótico*»[69]. Su lugar, apunta Bourriaud: el aeropuerto. Su tema: cómo habitar el mundo sin residir en ninguna parte. Es decir, leído de otro modo: cómo producir obra que valga para cualquier mercado en un estadio global. Un artista que viaja y halla en lo local periférico su modo de exploración, siempre y cuando las posibilidades económicas lo permitan. Esa sería la imagen si la despoblamos de elementos propios de esa *retórica de los tiempos propicios.* El nomadismo que define Bourriaud, como renovación de lo moderno, apunta hacia un modelo de artista atento a los flujos económicos y dominado por una obsesión por traducir lo que ocurre en otras culturas sin establecimiento de crítica[70], desde un relativismo («practicar un relativismo generalizado», escribe) extremo que provoca, en muchas ocasiones, una estetización (y un distanciamiento) de los fenómenos culturales, o un simple «guau» como impacto visual de lo mostrado. Sin embargo, obvia, forzado precisamente por su nomadismo económico, toda posible alternativa y acaba por dibujarse como una (exótica y estetizante) broma conceptual. Escribe: «El Caribe representa una maqueta original *[sic]*

[68] N. Bourriaud, *Postproducción, op. cit.,* p. 59.

[69] *Ibid.*

[70] De todo ello, como he señalado anteriormente, ponía sobre aviso Hal Foster al hablar de ciertos peligros del paradigma del artista como etnógrafo: «Uno elige un sitio, entra en su cultura y aprende su idioma, concibe y presenta un proyecto, únicamente para pasar al siguiente sitio en el se repite el mismo ciclo». H. Foster, *El retorno de lo real, op. cit.,* p. 207.

del mundo contemporáneo»[71]. Por otra parte, puede resultar curioso insistir en esto del nomadismo cuando el «97 por 100 de la población mundial [...] sigue viviendo donde nació y que la mayoría de los artistas solo resuenan dentro de su país»[72]. Quizá, más que extraño, es muestra de esa mezcla sutil, sospechosa (e ingenua) de globalización cultural y globalización económica asentada sobre una poco eficiente noción de consenso. Un consenso construido, a su vez, sobre la idea de que, a pesar de las divergencias en nuestros discursos, percibimos y hablamos de las mismas cosas, lo que delata en el fondo cierto trasfondo elitista. De esta forma, es el «contexto de la globalización económica [el que] impone esta imagen de un mundo homogéneo donde el problema para cada colectividad nacional consiste en adaptarse a una situación dada sobre la cual no tiene ninguna influencia, en adaptar a ella su mercado de trabajo y sus formas de protección social»[73]. Así, el consenso que propone el arte relacional es un consenso que acepta, precisamente, la noción de consenso impuesta por el propio neoliberalismo. Esto es, «llegar a un consenso significa que, cuando discutimos sobre un tema, todos y cada uno de los participantes estamos hablando de lo mismo, que partimos de la misma idea, que compartimos presupuestos mentales, sociales y económicos», pero ¿es así?

Otro caso. Reinaldo Laddaga en *Estética del laboratorio* trata de establecer conexiones entre lo artístico y lo literario a partir de ideas similares a las de Bourriuad. Para Laddaga el artista actual ha de recuperar el pasado, ha de reescribir la modernidad. Es decir, para superar la posmodernidad su objetivo, de nuevo, es formatear, reescribir el pasado. Describe Laddaga del siguiente modo esa superación y disolución de lo posmoderno: «Puede decirse que [es] un arte que [...] prolonga una de las líneas principales de desarrollo de la tradición moderna»[74]. Ante esto, sin embargo, la siguiente pregunta es: ¿cómo se enfrentan al pasado estos nuevos artistas y escritores? Según Laddaga, «ni practican la ruptura, el

[71] N. Bourriaud, *Postproducción, op. cit.*, p. 83.

[72] N. García Canclini, *La sociedad sin relato. Antropología estética de la inminencia,* Katz, Buenos Aires, 2011, p. 244.

[73] J. Rancière, *El espectador emancipado,* trad. de A. Dilon, Ellago, Castellón, 2010, p. 71.

[74] R. Laddaga, *Estética del laboratorio,* Adriana Hidalgo editora, Buenos Aires, 2010, p. 203.

gesto de quien quiere desprenderse de su práctica, [...] ni la manera del *pastiche* que Jameson identificaba como la más característicamente posmoderna y que consistía, según él, en recombinar fragmentos descontextualizados de producciones del pasado»[75]. Por lo tanto, estos artistas que se sitúan, según Laddaga, en la disolución plena de lo posmoderno, ¿desde dónde y cómo ejercen sus prácticas? Es decir, si no es posible una ruptura con el pasado, pero tampoco es posible jugar a descontextualizar ese pasado a través del *pastiche,* ¿qué hacer? Laddaga insinúa, al igual que Bourriaud, una reescritura que no reniega de su sentido conservador. Apunta lo siguiente: «La relación que se propende a establecer con ellos [los objetos del pasado] es de conservación de posibilidades que se encuentran a punto de perderse, de desbloqueo de posibilidades perdidas: lo que aquí tiene lugar es algo del orden del mantenimiento, la preservación. [...] Que los objetos del pasado se vuelven a presentar, pero acompañados de sus versiones no realizadas, sus planes inacabados. [...] Momentos del pasado que se desentierran, pero que al ser expuestos vienen con los fragmentos del territorio del que han sido arrancados, las raíces y fibras que habían asegurado su fijeza»[76]. Un desenterramiento o vuelta a los fragmentos del pasado donde «la ironía, el *pastiche* se han vuelto raros en sus prácticas»[77]. Estas propuestas de apropiacionismo disminuyen notablemente tanto la apuesta crítica como de cuestionamiento del mercado ya que, como señala Laddaga, muchas de estas propuestas recuperan la idea moderna, unida indisolublemente al mercado, de que «el elemento del que vive el arte es la novedad»[78], una novedad marcada no por el gesto de ruptura de la vanguardia ni por el gesto irónico del arte posmoderno, sino por un *estar en suspenso,* por un equilibrismo estilístico que trate de reorganizar el pasado, sin excesos ni críticas (*juste milieu* de nuevo); es decir, un retorno al esquema de la originalidad como valor central, y a los parámetros de un claro sentido de progreso en clave historicista[79].

---

[75] *Ibid.,* p. 206.

[76] *Ibid.,* p. 207.

[77] *Ibid.,* p. 14.

[78] *Ibid.,* p. 17.

[79] En otros textos como *Estética de la emergencia,* Laddaga denomina todas estas prácticas que hemos visto hasta ahora como «posdisciplinares», señalando la emergencia de una nueva «ecología cultural» donde sobre el horizonte de la institución se

Curiosamente Bourriaud ya había insistido en esta salida al señalar lo siguiente: «Reescribir la modernidad es la tarea histórica de los comienzos del siglo XXI: ni volver a partir de cero, ni quedar atiborrado por el almacén de la historia, sino inventariar y seleccionar, utilizar y recargar»[80]. La idea de Bourriaud pasa por una forma de *sampleado* a través del cual las imágenes fluyen como anécdotas estéticas a través del *uso* generando así un peculiar estado nostálgico, producido a su vez por una forma unidimensional de tomar *lo moderno.* En este sentido, Susan Buck-Morss, alertaba de ello de un modo concreto: «Hay una tragedia auténtica en la destrucción de los sueños de la modernidad [...]. Pero someterse a la melancolía sería conferirle al pasado un todo que nunca existió»[81]. Una nostalgia, como hemos visto, que se convierte en un síntoma común. Una nostalgia fantasmagórica. Y es que, como dijera Adorno, la fantasmagoría surge cuando, «cada paso adelante es [...] al mismo tiempo un paso hacia el pasado primitivo. Para subsistir, la sociedad burguesa ascendente ha menester de ocultarse tras sus propias ilusiones»[82].

Este concepto (o expresión) de *reescritura* o de *reprogramación* de la modernidad que defienden tanto Bourriaud como Laddaga y que pretenden situar como superación (nostálgica) de la posmodernidad (o escenificación de su disolución) fue ya acuñado en la década de los ochenta, curiosamente, por Jean-François Lyotard[83]. En el texto titulado «Reescribir la modernidad», diseñaba, ya en 1988, una nueva pauta de reflexión sobre la posmodernidad a

---

producen relaciones sociales necesariamente alejadas de cualquier pasión política o transformadora. Describe todo ello del siguiente modo: «Un número creciente de individuos formados en la cultura de las artes comenzaban, por entonces, a concebirse más bien como originadores de procesos en los cuales intervienen no solo en tanto poseedores de saberes de especialistas o sujetos de una experiencia extraordinaria, sino como sujetos cualesquiera aunque situados en lugares singulares de una red de relaciones y de flujos». R. Laddaga, *Estética de la emergencia,* Adriana Hidalgo editora, Buenos Aires, 2010, p. 43.

[80] N. Bourriaud, *Postproducción, op. cit.,* p. 121.

[81] S. Buck-Morss, *Mundo soñado y catástrofe, op. cit.,* p. 88.

[82] Th. W. Adorno, «Ensayo sobre Wagner», en *Monografías musicales,* trad. de A. Gómez Schneekloth y A. Brotons Muñoz, Akal, Madrid, 2008, p. 90.

[83] Aunque el objetivo de Lyotard es bien distinto al nuestro y su debate sobre «lo moderno» es, en cierta medida, otro, lo que más nos interesa en este caso es el concepto mismo de «reescritura», y sobre él trabajaremos.

partir de esta idea. Lyotard considera en este texto que al hablar de modernidad *frente a* posmodernidad no estamos ante dos entidades históricas claramente circunscritas, prefiguradas, de las cuales la segunda viene siempre «después» de la primera. Esto implicaría una postura historicista que la propia posmodernidad niega (o parece negar). «Hay que decir –escribe Lyotard– que lo posmoderno ya está implicado en lo moderno debido a que la modernidad, la temporalidad moderna, entraña en sí un impulso a excederse en un estado distinto de sí mismo. [... Así] se observa que la periodización de la historia es muestra de una obsesión característica moderna»[84]. Según Lyotard, el modelo de la reescritura es el modelo que mejor se ajusta a la idea de *una nueva época.* En este sentido, la idea de una *nueva época* implicaría el retorno a un modelo falso (teñido de autenticidad) de modernidad. En esta (re)narración de lo moderno (como ya vimos en Goldsmith) se trata de construir un pasado descomplejizado con el objetivo de dar sentido al ahora. Sin embargo, ¿cómo entender esta reescritura de la posmodernidad propuesta por Lyotard y cómo relacionarla con las propuestas de Bourriaud o de Laddaga? Vamos a ver formas muy diferentes de entender ese concepto de *reescritura.* Lyotard distingue, a partir de la teoría freudiana de la terapia psicoanalítica, tres modos de reconstruir el pasado, a saber: la *repetición,* la *rememoración* y la *perlaboración.* La *repetición* –entendida como compulsión– se corresponde con la neurosis o la psicosis, resultando un dispositivo que permite el cumplimiento de un deseo, uno que termina por organizar toda la existencia del sujeto como un drama. De esta forma el principio y el fin casan perfectamente, y la profecía se cumple antes incluso de ponerse en marcha (no en vano Lyotard recurre al ejemplo de Edipo). Se trata de la repetición obstinada (e inconsciente) de un deseo. Frente a este acto o dispositivo patológico, Lyotard considera que son la perlaboración y la rememoración los modos desde los cuales es posible una reescritura de lo moderno. Así, en el extremo opuesto a esta compulsión repetitiva, Lyotard sitúa la *perlaboración* (tomado de nuevo este término libremente del psicoanálisis), que implica una forma a través de la cual el pasado se muestra no como algo cerra-

[84] J.-F. Lyotard, *Lo inhumano. Charlas sobre el tiempo,* trad. de H. Pons, Manantial, Buenos Aires, 1998, p. 34.

do, definitivo, portando conocimientos taxativos, sino como una apertura. En la perlaboración el pasado no es entendido como argumento, sino como aparición de fenómenos desconocidos sobre un escenario presente. La *perlaboración,* de esta forma, implica la identificación de algunos rasgos distintivos de la modernidad, identificando lo oculto, el sentido y el sin sentido de la pretensión de la modernidad al querer legitimar como su «proyecto la emancipación de toda la humanidad a través de la ciencia y la técnica». Es paradójica, en este sentido, la tendencia de la modernidad a construir sus propias periodizaciones, que son diseñadas para ser así mismo superadas. Sin embargo, nos queda otra forma de reescritura: la rememoración. ¿Cómo entender la rememoración? Para Lyotard la reescritura como *rememoración* implica y porta un sentido dramático (y fallido) de destino a cumplir, en tanto que en el rememorar del paciente, este pretende una plena (pero falsificada) organización de la temporalidad no dominada, es decir, una argumentación altamente «novelizada» que es transportada como un todo cerrado al presente. En la rememoración el paciente *organiza* el pasado, voluntaria o involuntariamente, para sus intereses presentes. Este intento de transporte (o de transición) es el que considera un error el propio Lyotard. Sin embargo, es este el sentido de reescritura –entendida como rememoración– al que tanto Bourriaud (lo hemos visto en su intento de recuperar, por ejemplo, el impresionismo) como Laddaga parecen acudir. Por ello apunta lo siguiente Lyotard: «Es frecuente que "reescribir la modernidad" se entienda en este sentido, el de la rememoración, como si se tratara de señalar e identificar los crímenes, los pecados, las calamidades engendradas en el dispositivo moderno, y finalmente revelar el sino que un oráculo, al principio de la modernidad, habría preparado y llevado a cabo en nuestra historia»[85]. Entenderla así, donde los objetos del pasado –utilizando palabras de Laddaga– se vuelven a presentar tratando a su vez de cumplir sus planes inacabados, es tarea engañosa, según Lyotard, en tanto que «el embuste reside en el hecho de que la indagación misma sobre los orígenes del destino forma parte de este»[86]. Por ello, a modo de cierre, adelantándose más de una

[85] *Ibid.,* p. 36.
[86] *Ibid.*

década a las palabras de Bourriaud, sostiene Lyotard que si «reescribir» se entiende de esta forma, como una reactivación o reprogramación, «como la búsqueda, designación y denominación de lo hechos ocultos imaginados como fuentes de los males padecidos [...], no se puede dejar de perpetuar el crimen y perpetrarlo de nuevo en vez de ponerle fin. Lejos de reescribirla verdaderamente –suponiendo que eso sea posible– no se hace sino escribir una vez más y realizar la modernidad misma»[87]. Si enfrentamos este texto al siguiente de Laddaga escrito 22 años después, podremos ver la situación. Escribe Laddaga: «llevar al primer plano lo que permanecía en el trasfondo, manifestar lo que se ocultaba, desplegar lo que estaba replegado, hacer visibles las condiciones: esto significa ser moderno. La potencia de este gesto no está (ni estará por mucho tiempo) extenuada»[88]. Alertaba pues Lyotard de esta posible salida hacia atrás de la posmodernidad a través de un retorno nostálgico hacia lo moderno (rememorado) cuya reactivación y búsqueda de gestos ocultos imaginados (como profecía edípica) solo tendría sentido bajo la forma del mercado, como objeto de consumo. Dicho de otra forma: la técnica *rememorativa* que construye un relato unitario del pasado suele situarse en el marco de lo mercantilmente consumible, en tanto que la melancolía, por esencia, construye mercados. Lo que llevan a cabo Bourriaud y Laddaga es una rememorización del pasado donde este aparece simplificado y reordenado con fines puramente formales.

Esta forma propuesta de reescritura del pasado, como un carnaval de estilos (el *ready-made* rememorado) que se postula como original y nostálgico, acaba por ejercer su campo de acción –si nos fijamos en su trayecto– en torno al mercado y su política artística, en tanto que producto propio de ese *entertainment cool* que lo fetichiza[89]. El apropiacionismo entendido como entretenimiento abandona las tensiones entre original y copia, abandona todo factor crítico en favor de un modelo suplementario de arte donde la obra se legitima en función del mercado y un curioso espíritu neorromántico que es reactivado por ese mismo mercado. De esta

[87] *Ibid.*, p. 37.

[88] R. Laddaga, *Estética de laboratorio, op. cit.*, p. 18.

[89] Rancière hablará de un «*ready-made* duchampiano [transformado] en un expositor místico». J. Rancière, *El destino de las imágenes, op. cit.*, p. 50.

forma, la idea de *reescribir,* eliminando toda tensión, induce a un trasvase de lo crítico a lo lúdico que provoca, a su vez, la *indiscernibilidad* entre el arte, el poder y los medios de comunicación. Algo que el mencionado Lyotard parecía tener claro al sostener que el secreto de un éxito artístico, lo mismo que el de un éxito comercial, radica en una dosificación entre lo sorprendente y lo «bien conocido, entre la información y el código. Tal es la innovación en las artes: se retoman fórmulas confirmadas por éxitos precedentes, se las desequilibra por medio de combinaciones con otras fórmulas en principio incompatibles y de amalgamas de citas, ornamentaciones, *pastiches.* [...] De tal modo, se cree expresar el espíritu del tiempo, cuando no se hace sino reflejar el del mercado. La sublimidad ya no está en el arte, sino en la especulación sobre el arte»[90].

Eclecticismo, postproducción y transvanguardia

Algunos años antes de que Lyotard repensase el concepto de reescriturta, Benjamin H. D. Buchloh al referirse al conocido como retorno de la pintura en los ochenta, y su modo ecléctico de reescritura, apuntaba lo siguiente: «El ensamblaje de distintos fragmentos de conjuros y recuerdos históricos de acuerdo con el grado de proyección e identificación que esas imágenes del pasado proporcionan a las necesidades del presente es esencial para el funcionamiento del historicismo»[91]. La concepción historicista del pasado hace de la modernidad algo rememorable a partir de su propia simplificación argumental. De este modo el pasado (pero de igual manera el presente) puede ser entendido desde su disponibilidad histórica (tal como vimos al hablar del *arte culto descafeinado*). Un hecho del pasado se vacía por completo de sentido y proyección y, por tanto, queda flotando en el tiempo como simple estilo. En efecto, es posible señalar que, una vez vaciados de su significación y su función histórica, los estilos o los modos de producción, lejos

---

[90] J.-F. Lyotard, *Lo inhumano, op. cit.,* p. 110.

[91] B. H. D. Buchloh, «Figuras de autoridad, claves de regresión. Notas sobre el retorno de la figuración en la pintura europea», en B. H. D. Buchloh, *Formalismo e historicidad, op. cit.,* p. 69.

de desaparecer, «flotan a la deriva en la historia [...] a la espera de ser ocupadas por intereses reaccionarios en busca de legitimación cultural. Como otros objetos de la historia cultural, los modos de producción estética pueden desgajarse de sus contextos y funciones y emplearse para mostrar la salud y el poder del grupo social que se ha apropiado de ellos»[92]. Desde este ángulo, cabe la posibilidad de visualizar el problema sobre el que se ha asentado esa estética de la postproducción o del laboratorio. Se trata de un tipo de apropiacionismo sometido –en sus diversas formas– a un historicismo que exige *novedad,* el mismo concepto de novedad que reclama el mercado.

Según apunta Buchloh, extraídos los estilos de su intención contextual, estos se convierten en fetiches fácilmente manejables, disponibles históricamente para, a través del disfraz de «lo ecléctico», revivir como *estilos zombis* necesarios para el desarrollo del mercado, que necesita cíclicamente lo que Buchloh denomina «el retorno de lo nuevo» entendido este retorno como la aceptación de una «vanguardia de pacotilla»[93] y su «carnaval de estilos». No solo estilos zombis, sino que se va imponiendo progresivamente lo que Foster denomina «hora zombi» en las propias instituciones. Es decir, que la validez independiente de estos elementos y su intercambiabilidad indican que el nuevo lenguaje se ha reificado como estilo, «ya no cumple ninguna intención, sino que remite a sí mismo como mercancía estética inmersa en un discurso disfuncional»[94]. Algo que, curiosamente, ya insinuaba Terry Eagleton en *Después de la teoría* al hablarnos de la capacidad que tiene el capi-

[92] *Ibid.,* p. 70.

[93] *Ibid.,* p. 82.

[94] *Ibid.,* p. 60. Este proceso ha aparecido en varios momentos en las páginas anteriores. «El mezclar todo» se convierte en el eje de un nuevo formalismo que Thomas Lawson describió en los ochenta del siguiente modo: «En estas obras se muestra una especie de dialéctica caricaturizada, en la que la constante introducción de elementos impide el desarrollo de un significado, al crear imágenes fijas –clichés– que se espera que asociemos con las actitudes e instituciones apropiadas [...]. Con gran cinismo este tipo de obras se apropia del proyecto moderno. [...] Esta visión degradada de la práctica moderna se opone vigorosamente a la idea misma de análisis crítico, ya que no es más que una declaración de presencia que solo denota la ambición de ser reseñado». Th. Lawson, «Última salida: la pintura», en B. Wallis, *Arte después de la modernidad. Nuevos planteamientos en torno a la representación,* trad. de C. Rendueles y C. del Olmo, Akal, Madrid, 2001, p. 159.

talismo de *vendernos* las propias posibilidades de ensamblar lo diverso; y de lo que muy pronto Ihab Hassan se percató al señalar que, mediada la década de los ochenta, «la posmodernidad se ha convertido en una especie de bufonada ecléctica, en el refinado cosquilleo de nuestros placeres prestados y nuestros triviales desengaños»[95]. Este sentido apropiacionista (desactivado) fundado en el mezclar todo (por el simple hecho de mezclar) es, precisamente, sobre el que igualmente alertaba Lyotard, hace ya décadas, cuando escribía: «Mezclar en un mismo plano los motivos neo o hiperrealistas y los motivos abstractos, líricos o conceptuales, es como decir que todo vale porque todo es bueno para consumir»[96].

Nicolas Bourriaud es consciente del problema. ¿Cómo podemos establecer –parece preguntarse– una superación de la posmodernidad afirmando un retorno a lo moderno y desactivando a su vez toda función transgresora? Esa es la cuestión. Es decir, ¿no es esto nada más que un carnaval de estilos, un puro acto de eclecticismo, una apuesta por el mero disfraz para poder perpetuar un estado necesitado por completo de lo mercantil? Bourriaud se enfrenta a la cuestión y por ello el epígrafe final del libro *Postproducción* lleva por título «Eclecticismo y postproducción». No es un título aleatorio, sino profundamente meditado, o eso podemos intuir. ¿Es posible una apuesta por el eclecticismo? ¿Cuáles serían sus coordenadas? Es decir, si la regla es *mezcla todo* –como hemos visto en casos anteriores– y a ver qué pasa, si se toman los estilos como productos a partir de los cuales generar otros productos, como hiciera Gauguin, ¿sobre qué territorio nos movemos? Por ello Bourriaud se pregunta lo siguiente: «¿Cómo evitar que esa colisión de culturas y de estilos desemboque en un eclecticismo *kitsch*, un *alejandrinismo cool* que excluya cualquier juicio crítico?»[97]. Dicho de otro modo, ¿cómo ser eclécticos (como lo fueron los pintores del *juste milieu*) en el siglo XXI? Según apunta Bourriaud el eclecticismo puede ser la salida a la idea modernista greenbergiana de la historia constituida como un relato lineal. Un eclecticismo entendido como la mezcla,

---

[95] Cit. en P. Anderson, *Los orígenes de la posmodernidad,* trad. de L. Andrés Bredlow, Akal, Madrid, 2016, p. 26.

[96] J.-F. Lyotard, *La posmodernidad (explicada a los niños),* trad. de E. Lynch, Gedisa, Barcelona, 2001.

[97] N. Bourriaud, *Postproducción, op. cit.,* p. 116.

la explicitación y el uso de materiales y estilos diversos es la salida consciente de los artistas en la disolución de lo posmoderno, lo que tiempo después Bourriaud denominará *exforma.* El eclecticismo, señala Bourriaud sin demasiada contundencia, frente al purismo modernista, por ejemplo, que identificaba el eclecticismo con un desorden inaceptable. Ahora bien, si el eclecticismo es la salida *a todo esto,* no podemos evitar hallar una extrañeza en la propuesta misma, que delata, una vez más, una *nostalgia de posmodernidad.* Una extrañeza de la que es consciente el propio Bourriaud: ¿no fue el eclecticismo, precisamente, la propuesta de cierta pintura, reaccionaria en muchos sentidos, de los ochenta? ¿No había sido exactamente ese eclecticismo y nomadismo la propuesta que vertebraba a la *transvanguardia,* al *arte cifra,* al *neoexpresionismo* de los ochenta[98]? Entonces, ¿no estaría Bourriaud reprogramando, de alguna manera, ese eclecticismo de los ochenta donde todo se mezcla y cuyo fin parecía, estrictamente, el mercado? ¿No estaría, simplemente, rescribiendo su particular versión de la posmodernidad a través de esa rememoración de lo moderno?

Bourriaud se enfrenta al tema justo en el momento en que trata de cerrar el libro. Evidentemente, si atendemos a este texto, que él mismo cita, estaremos en la senda: «Al liberarnos de la historia, podemos recurrir a ella como una especie de diversión, tratarla como un espacio de pura irresponsabilidad: en adelante, todo tiene para nosotros la misma significación, el mismo valor»[99]. En este texto de 1987 de Yve-Alain Bois, citado por Bourriaud y en el que hace referencia a pintores neoxpresionistas como Julian Schnabel, se observa cierta genealogía que el propio Bourriaud trata de rechazar, sin éxito. Su concepto de montaje se conecta directamente no con la idea de montaje dadá, por ejemplo, sino con las estrategias, curiosamente, de Bonito Oliva, a la hora de defender la transvanguardia. Escribe Bourriaud: «A comienzos de los años ochenta, la transvanguardia defendía una lógica del cambalache que aplanaba los valores culturales. […] En esos comienzos de los ochenta, Achille Bonito Oliva apoya a tales artistas en nombre de una "ideo-

[98] No podemos obviar que el propio Bourriaud hizo su particular defensa de ciertos pintores franceses a los que vio como la «respuesta francesa a la transvanguardia». Véase «Art», en *Les années 80,* Éditions du Regard, París, 1997, p. 55.

[99] Y.-A. Bois, cit. en N. Bourriaud, *Postproducción, op. cit.,* 118.

logía cínica del traidor", según la cual el artista sería un "nómade" que deambularía a voluntad por todas las épocas y estilos, cual un vagabundo que hurga los desechos públicos en busca de un objeto para llevarse»[100]. En este nomadismo observa Bourriaud un problema: «Este es precisamente el problema: bajo el pincel de Julian Schnabel o de Enzo Cucchi, la historia del arte parecería un gigantesco depósito de formas vaciadas, amputadas de sus significaciones. [...] Este arte de la cita practicado por los neofauvistas reduce la historia al valor de una mercancía. Estamos entonces muy cerca de esa "igualdad de todo, el bien y el mal, lo bello y lo feo, lo insignificante y lo distintivo", que conformó el tema de la última novela de Flaubert»[101]. La defensa del eclecticismo por parte de Bourriaud supone, en primer lugar, la necesidad de divorcio frente al estatus que a dicho concepto se le había otorgado a la pintura en nombre de la transvaguardia. Bien es cierto que la apuesta de Bourriaud señala un recinto diferente en tanto que su eclecticismo se dirige hacia el uso de las formas; sin embargo, en un nivel elemental los procesos estratégicos que sustentan ambos movimientos se conectan. A su vez, el intento de salir de esa comparación a la que aspira Bourriaud provoca que él mismo se empantane en su argumentación. Quizá sea en el concepto de *radicante* (antes analizado) donde se reactualiza (y se hereda) esa extravagante conexión con la apuesta de la transvanguardia. El nomadismo como modelo es el vínculo entre ambos marcos artísticos.

Podríamos aventurar que la postproducción (y sus formas hermanas como la estética relacional) es a la primera década del siglo XXI lo que la transvanguardia fue al arte de los ochenta: una búsqueda de apertura del mercado a partir de la apuesta por un eclecticismo en el uso de las formas. A pesar de su negativa, Bourriaud, en su concepción del apropiacionismo, se acerca a la mencionada «ideología del traidor». Afirmaba lo siguiente Bonito Oliva: «La "ideología del traidor" alienta [...] una ideología que privilegia la lateralidad y la ambigüedad. La transvanguardia recobra este tipo de sensibilidad a través de la recuperación de modelos lingüísticos que se citan en su pureza inicial, pero por medio de una contaminación que elude cualquier tono conmemorativo y apologético,

[100] *Ibid.*, p. 119.

[101] *Ibid.*

que significaría identificación e imposible regresión»[102]. Por tanto, en el uso y apropiación de las formas, y en su carácter de *contaminación,* es donde ambos territorios establecen su simpatía. He aquí el carácter nómada de los signos que vincula en sus estrategias ambos espacios: transvanguardia y postproducción.

Es consciente Bourriaud, y lo hemos insinuado al traer a colación el texto muy anterior de Buchloh acerca de la pintura de los ochenta, que su propuesta engarza en multitud de puntos con la propuesta del eclecticismo de la transvanguardia. No lo niega, e incluso en algún momento se siente presa de sus argumentos. A partir de aquí, la salida que propone Bourriaud para defender determinado eclecticismo en el ámbito de la postproducción es a través, precisamente, del ya mencionado *reescribir la modernidad,* es decir, «utilizar y recargar» el pasado. Escribe: «Se trata de apoderarse de todos los códigos de la cultura, de todas las formalizaciones de la vida cotidiana, de todas las obras del patrimonio mundial y hacerlos funcionar. Aprender a servirse de las formas»[103]. *Servirse de las formas,* ese sería el modelo de acción. No obstante, aunque con aparentemente otra orientación, este *servirse de las formas* se situaba en la órbita de la transvanguardia. Basta leer el siguiente texto de Bonito Oliva: «El área cultural de actuación del arte de los años ochenta es la transvanguardia, que considera al lenguaje un instrumento de transición, de paso de una obra a otra, de un estilo a otro. Mientras la vanguardia, en todas sus variantes posteriores a la Segunda Guerra Mundial, se desarrolla conforme a la idea evolucionista del darwinismo lingüístico, cuyos antepasados fijos encontraba en las vanguardias históricas, la transvanguardia actúa en cambio fuera de esas coordenadas forzosas, adoptando una actitud nómada de reversibilidad de todos los lenguajes del pasado»[104]. *Lenguaje como instrumento de transición* señala el territorio de adopción de un no-territorio. La ausencia de un lenguaje propio no esconde, por tanto, una crítica al lenguaje. Al contrario, esta ausencia implica que *cualquier lenguaje es válido siempre que implique*

[102] A. Bonito Oliva, «Transvanguardia: Italia/America», en A. Maria Guasch (ed.), *Los manifiestos del arte posmoderno, op. cit.,* p. 36.

[103] N. Bourriaud, *Postproducción, op. cit.,* p. 14.

[104] A. Bonito Oliva, «Vanguardia/Transvanguardia», en A. Maria Guasch (ed.), *Los manifiestos del arte posmoderno, op. cit.,* p. 50.

efectos. Pero ¿qué efectos?, ¿sobre quién? Efectos estéticos sobre el propio mercado que de nuevo los exige. Esta concepción de *tránsito* y *nomadismo* (como ejercicio despolitizado) ha sido heredada por parte de las estéticas de la postproducción y el *sampleado,* desviando el contexto desde lo pictórico hacia el encuentro con lo fáctico. Actuar estéticamente eliminando el factor de cuestionamiento de la propia institución, extrayendo, como quien usa un embudo, toda posible fuga crítica o interpretativa. Esa es la idea. La obra se convierte en un artefacto hueco, una «nada rellena» construida por el *uso formal* de objetos dispuestos sobre un «escenario»[105].

La adopción de una actitud nómada, en el desarrollo y apropiación de las obras, es la que, por tanto, destaca Bourriaud en los llamados artistas de la postproducción. Una actitud que si en los ochenta tenía como referente a un consumidor pasivo, ahora se enfrenta a una «cultura *dj* [que] niega la oposición entre la *proposición del emisor* y la *proposición del receptor*». Como el pintor de los ochenta, la actitud *dj* o *sampler* que defiende Bourriaud (de un modo peculiarmente formalista) señala la importancia del *fragmento*. El fragmento «indica la posibilidad de una imagen que se forma a saltos, al margen de la recta del proyecto y en el sendero accidentado de una historia del arte abierta a cualquier recuperación. [...] La recuperación no significa identificación, sino posibilidad de un dueto y de un duelo surcado también por otras colisiones del lenguaje. El fragmento abre la posibilidad de mantener la obra bajo el signo de la sana volubilidad»[106]. Quien así habla no es Bourriaud, sino el propio Bonito Oliva a comienzos de la década de los ochenta. Y lo hacía así para referirse a la pintura de, por ejemplo, Fran-

[105] Ejemplo: «el verdadero tema de la obra de Tiravanija es el nomadismo y a través de la problemática del viaje es como podemos examinar realmente su universo formal. En Madrid, filma el trayecto entre el aeropuerto y el Centro Reina Sofía donde participa en una exposición (*Untitled, para Cuellos [sic] de Jarama to Torrejon de ardoz to Coslada to Reina Sofía,* 1994). Para la Bienal de Lyon expone el auto que le permitió llegar hasta el museo (*Buen viaje, Señor Ackermann,* 1995). *On the Road UIT Jiew, Jean, Jieb, Sri and Moo* (1998) consiste en un viaje con cinco estudiantes de la universidad de Chiang Mai desde Los Ángeles hasta el lugar de la exposición, Filadelfia. Ese largo recorrido era documentado en vídeo, con fotografías y en un diario de viaje por internet, presentado en el Philadelphia Museum antes de terminar siendo un catálogo en CD-rom». N. Bourriaud, *Postproducción, op. cit.,* p. 57.

[106] A. Bonito Oliva, «Vanguardia/Transvanguardia», en A. Maria Guasch (ed.), *Los manifiestos del arte posmoderno, op. cit.,* p. 52.

cesco Clemente o Enzo Cucchi. Si bien es cierta la distancia formal, la reactivación de lo nómada/radicante por parte de Bourriaud debe mucho (más quizá de lo que él mismo desearía) a las posturas de la transvanguardia. La *nueva transvanguardia* regresa bajo la marca de una *profunda volubilidad.*

V. SITUACIONISMO *LOW COST* (A MODO DE CONCLUSIÓN)

La *alta cultura descafeinada,* tal como tratamos de señalar, en su intento de apropiarse *de algo* para diluirlo en otro marco, incluye también las estrategias situacionistas como modelos o paradigmas técnicos para el artista contemporáneo (cuya misión, afirma, es evidentemente ese *algo*). Sin embargo, como hemos podido rastrear a lo largo del libro, es una presencia (ausencia) continua. No obstante, en estas estrategias de resituación y eclecticismo, el situacionismo que proponen algunos de los diversos autores que hemos analizado es un situacionismo de bajo voltaje, desproblematizado, de suma cero, domesticado. Una especie de situacionsimo estetizado, a modo de estilo disponible históricamente. Un ejemplo sería la lectura situacionista que propone Bourriaud de los mercados de pulgas, los cuales se convierten en un territorio de formas estéticas *para consumir artísticamente.* Liliana Porter en *¡Por favor no se muevan! (con fondo rojo)* de 2000 ponía sobre un escenario a una serie heteróclita de figuritas de ese mercado: maos, Mickey Mouse, playmobil, un Elvis, etc. Uno podía pasear delante, asombrarse, disfrutar con ese caos controlado o imaginar su extraño origen y destino. Era posible comentar irónicamente algún aspecto o ilustrar algún recuerdo de la infancia con aquellos objetos, pero poco más. ¿Cuál era el espíritu que movía todo aquello? ¿Hacia dónde se dirigía este tipo de apropiación de lo cotidiano? Así, a bote pronto, podemos apuntar que esa apropiación y desvío tan solo funcionaba por su aspecto formal, no por un uso crítico de esos contextos y objetos; ni había en ello una pulsión destinada a transformar la vida cotidiana. La crítica, por ejemplo, se ha quedado normalmente en este nivel y se nos dice que, a pesar de su trasfondo situacionista, «no hay nada que los reúna más que el *set,* las poses estáticas y la sorpresa en la mirada. [...] La realidad de las figuras se esfuma en la cadena de "reproducciones de reproducciones" de las fotos y sin embargo hablan en una especie de esperanto imaginario»[1]. *¿Esperanto imaginario?* ¿Es posible pasar abiertamente de una apropiación como *tergiversación* a una apropiación como *esperanto imaginario*? Aunque se pretenda un ascendente situacionista e incluso surrealista, en este caso nos movemos en un espacio de formas cuyo fin es *situarse sobre un escenario.* Este modo neoliberal de concebir la práctica artística ha logrado reprogramar el situacionismo para convertirlo en estilo transportable y modificable según el contexto.

Estamos, en efecto, como veremos a continuación, en el marco de una domesticación (o reempaquetado *chic*) del situacionismo. Reempaquetado que Bourriaud mismo trata de justificar del siguiente modo: «La galería es un lugar como los demás, un espacio imbricado en un mecanismo global, una base sin la cual no es posible ninguna expedición. Un club, una escuela o una calle no son *sitios mejores,* sino simplemente otros lugares para mostrar arte»[2]. Pero ¿es tan sencillo? Esta es la justificación para aceptar sin problemas un retorno al orden del mercado modernista (con su nostalgia posmoderna a cuestas) en el interior de las instituciones galerísticas[3]. Y de nuevo sobre la base de una idea de *globalización* que no justifica ni cuestiona. Una globalización que da no solo por aceptada, sino que es el medio propio de su modelo estético, y su nomadismo. El problema básico de esta argumentación (que acepta lo dado sin problema) está en la premisa inicial: ¿podemos aceptar tan alegremente que la galería es un lugar como los demás? Ahí se sitúa el problema del punto de partida, sobre el que el propio Bourriaud pasa de puntillas. De esta manera, trata de vehicular las formas del situacionismo hacia un territorio consensual, eliminando toda afirmación o cuestionamiento proveniente de otras esferas, construyendo una visión de lo político dentro de la cual resitúa una concepción renovada y museística de la obra de arte. ¿Es la galería un lugar *cualquiera* más? En cierto sentido relativista podríamos entenderlo así, pero desde el punto de vista de los procesos económicos la galería se construye sobre la esquizofrenia de lo mercantil

---

[1] G. Speranza, *Atlas portátil de América Latina. Arte y ficciones errantes,* Anagrama, Barcelona, 2012, pp. 191-192.

[2] N. Bourriaud, *Postproducción, op. cit.,* p. 91.

[3] Como contrapartida léase el clásico de Brian O'Doherty, *Inside the White Cube: The Ideology of the Gallery Space,* University of California Press, Oakland, 1999.

por un lado y lo efímero del movimiento de sus mercancías por el otro. A su vez, no se trata de afirmar que existe lo real y que lo que sucede en la galería es lo no-real, sino que tanto un espacio como otro son productores de ficción, son dos maneras de producir ficciones y, por lo tanto, afirmar –como lo hace Bourriaud– la *indiscernibilidad* entre lo real y el espacio expositivo es eliminar las tensiones que se producen entre esos modos de producir ficciones. El mismo Bourriaud tratará de justificar este retorno formal a través, de nuevo, de una superación (mediante una despolitización) de los artistas conceptuales de los sesenta (sobre manera con Asher y Haacke, los cuales, como le ocurría a Greenberg con Duchamp, son altamente molestos a la hora de generar una trama argumentativa). Escribe: «Mientras que el lugar de exposición constituía un medio en sí mismo para los artistas conceptuales, actualmente se ha convertido en un lugar de producción entre otros. En lo sucesivo, se trata menos de analizar o criticar ese espacio que de situar su posición dentro de sistemas de producción más amplios, con lo cual se intentan establecer y codificar relaciones»[4]. No se trata, en fin, de analizar o criticar, sino de codificar relaciones, es decir, poner en escena elementos que en su eclecticismo conformen una trama sin más intenciones que *mostrarse como tales,* como formas o como estilo, entendido este como la forma consensuada por el mercado para designar una unidad característica y «transportable».

Sobre estos aspectos Jacques Rancière incide en varios momentos, teniendo en mente estas reactualizaciones blandas del situacionismo. Y en este sentido, el filósofo francés apunta: «Estos dispositivos siguen ocupando nuestras galerías y museos, acompañados de una retórica que pretende hacernos descubrir de ese modo el poder de la mercancía, el reino del espectáculo o la pornografía del po-

---

[4] N. Bourriaud, *Postproducción, op. cit.,* p. 90. Frente a este posicionamiento, que acepta lo dado como tal de Bourriaud, podemos acudir a las palabras de Rosler para describir otro horizonte. Escribe: «Frente a la ebullición del mercado y de las instituciones, los años sesenta fueron testigos de varias formas de revuelta contra la mercantilización por parte de los artistas, incluyendo tácticas deflacionarias contra la glorificación o la exaltación personales. Uno podría discutir cada uno de estos esfuerzos, pero todos –como sea– reivindicaban la autonomía artística respecto de los galeristas, los museos y los mercados antes que, digamos, la producción de bienes intercambiables bajo una firma reconocible en la producción de objetos». M. Rosler, *Clase cultural, op. cit.,* p. 46.

der»[5]. Pero ¿a qué dispositivos se refiere? Quizá alguno nos suene: personajes de Disneylandia transformados en perversos polimórficos, instalaciones gigantescas de tubos y máquinas que representan el intestino de la máquina social que absorbe cualquier cosa y la transforma en excremento, etc. No obstante, añade Rancière, «como nadie en nuestro mundo es lo bastante distraído como para tener necesidad de que se los desvelen, el mecanismo se vuelve sobre sí mismo y juega con la indecibilidad misma de su dispositivo»[6] en tanto que queda subsumido por el espacio que pretende cuestionar[7]. Sin embargo, para Rancière, más allá de esto, es el modelo relacional el que se instaura como paradigma de indiscernibilidad. Según el filósofo «el interior del espacio y el exterior de la vida social aparecen entonces como dos lugares equivalentes de producción de relaciones»[8]. Este era el presupuesto de Bourriaud: la galería como un lugar más. Sin embargo, «esta banalización muestra de inmediato su reverso: la dispersión de las obras de arte en la multiplicidad de las relaciones sociales solo vale para ser vista»[9]. Es decir, en su intento de que la obra se convierta en generadora de relaciones sociales, en ese instante –paradójicamente– se transforma o constituye como objeto formalista: una atención a la forma cuando en realidad su objetivo es (o era) una redefinición de las relaciones sociales. Estos artistas (modelos de eso que llamamos *alta cultura descafeinada* o diseñadores de un *situacionismo low cost*), como Tiravanija y otros, en lugar de llevar a cabo un arte político, lo que llevan a cabo es una configuración (hueca o poética) de una idea de lo político que se transplanta y actúa en el interior de los espacios museísticos (apelando al consenso) con el único objetivo de su per-

---

[5] J. Rancière, *El espectador emancipado, op. cit.*, p. 72.

[6] *Ibid.*

[7] A esto se refería precisamente Hans Haacke cuando le preguntaban por la obra de Leon Golub y sus posibilidades como arte político: «Si haces cuadros de protesta, es probable que estés por debajo de la sofisticación del aparato al que atacas. Es emocionalmente gratificante señalar cualquier atrocidad y decir que ese de ahí es el bastardo responsable de ella. Pero, efectivamente, una vez que la obra llega a un lugar público, solo se dirige a la gente que comparte esos sentimientos y ya está convencida de antemano». Cit. en F. Frascina, «La política de representación», en VVAA, *La modernidad a debate. El arte desde los cuarenta,* trad. de I. Balsinde, Akal, Madrid, 1999, p. 123.

[8] *Ibid.*, p. 73.

[9] *Ibid.*

cepción, y es ahí donde manifiestan su carácter de *juste milieu,* pero es ahí, exactamente ahí, donde se desactiva su propuesta (y la supuesta ascendencia situacionista). Así, en ese espacio museístico «la mirada dirigida al recuento visual de esas salidas [a lo real] no se distingue de la mirada que se echa a esos grandes mosaicos o tapices mediante los cuales numerosos artistas nos representan hoy a la multitud»[10]. El acontecimiento consiste en generar una aparente *idea neutra* de lo político y en torno a ello dialogar.

Otro ejemplo. Otro paréntesis. El trabajo *The Loop* de Francis Alÿs podría leerse desde estas coordenadas de reconfiguración poética de lo político, con el fin de hacer de lo político algo representable formalmente y exportable comercialmente. Para Graciela Speranza *The Loop* tiene un «sentido irónico sutilmente crítico»[11]. Aunque quizá sean piezas como *La línea verde* (2004) donde esa *reconfiguración* de lo político a través de lo poético como desactivación situacionista es más evidente. Esta obra se sitúa sobre uno de los territorios políticamente más conflictivos, Jerusalén. En ella el artista camina a lo largo de la ciudad dividida dejando tras de sí el rastro de una línea que «representa» la línea que Moshe Dayan dibujase con un lápiz verde en un mapa después de la Guerra de Independencia de Israel en 1948. Alÿs, mientras caminaba, dejaba chorrear la pintura sobre la tierra, al modo del *dripping* de Pollock. Para Speranza esta acción, cuya finalidad es ser grabada en vídeo, tiene un sentido político. Pero ¿qué puede entenderse aquí como político? ¿El territorio? ¿El terrorismo? ¿La escenificación de una situación que parece irresoluble? No. Para Speranza lo político reside en este caso en que no existe «ningún enunciado político más allá del gesto»[12]. De nuevo se dibuja un territorio político que se ajusta a su función de *operación neutra.* En este caso el formalismo es evidente: «el medio privilegiado de la obra es el *relato*»[13]. El propio Alÿs se cuestiona: «¿cómo puede el arte seguir siendo políticamente significativo sin asumir un punto de vista doctrinario ni aspirar a convertirse en activismo social?»[14]. La es-

---

[10] *Ibid.,* p. 74.

[11] G. Speranza, *Atlas portátil de América Latina, op. cit.,* p. 28.

[12] *Ibid.,* p. 35.

[13] *Ibid.*

[14] Cit. en *ibid.,* p. 34.

trategia de Alÿs es muy interesante. ¿A qué llama *políticamente significativo*? ¿Es lo contrario a *doctrinario* y a *activismo social*? Podemos replantearlo de otro modo, modificando algún término: «¿Cómo puede el arte seguir siendo arte dentro de la institución y del mercado sin tomar una posición o tratar de intervenir activamente?». Alÿs confunde la política –y sus contextos– con las políticas del arte –y sus instituciones y mercados–. Esto es palpable no solo por ese formalismo que privilegia en estas acciones «el gesto» o el «relato», sino en la propia respuesta del artista. Para Alÿs la única posición política es *la poesía*. Escribe como respuesta a lo anterior: *«A veces hacer algo poético se vuelve político. Y a veces hacer algo político se vuelve poético»*[15]. *¿Se vuelve?* ¿Cómo? ¿A través de qué medios? ¿Desde qué lugar definir lo político? ¿Y lo poético? ¿Por qué caminar y trazar una línea en el paisaje tal como él lo plantea es *poético*? ¿Sirve que el territorio esté en conflicto para hacer ver ese conflicto? ¿Simplemente el horizonte y el contexto hacen de la obra algo político? Para los situacionistas la poesía se vinculaba con la transformación radical de la experiencia de la vida cotidiana. Para Alÿs, según Speranza, el objetivo es que su obra se convierta en *leyenda urbana,* en historia oral[16]. Aquí reside su concepto de lo político-poético. La desactivación del situacionismo así como la subsiguiente invención consensual de «lo político» son el eje de la obra. Dicho de otro modo ¿qué carácter político puede portar una acción en Israel en la que el artista radicante les diga a los judíos y palestinos que están divididos? ¿Acaso es el artista quien poéticamente se lo descubre? ¿Acaso no lo sabían? Alÿs otorga al conflicto una imagen ya escenificada del conflicto, en tanto que visibiliza un conflicto de por sí visible, nos muestra el mismo conflicto que nos pone sobre la mesa los medios de comunicación. Escribe Speranza: «El espacio que elige Alÿs es inmoderadamente político, pero la caminata-relato elude el enunciado: el gesto ambiguo puede entenderse como una invitación a la negociación pacífica de un límite o como un llamamiento de atención sobre la naturaleza arbitraria, fatalmente efímera de cualquier frontera»[17]. Es precisamente en la elusión donde Alÿs desac-

[15] Cit. en *ibid.*
[16] *Ibid.*, p. 35.
[17] *Ibid.*, p. 35.

tiva su propuesta. Con esta obra otorga de nuevo los papeles a los personajes en conflicto, los cuales son, una vez más, situados en su lugar, visibilizados bajo los mismos criterios que el conflicto pone ante los medios. No obstante, ¿por qué no pensar lo político de otro modo? Pongamos un ejemplo. Una de las exposiciones más importantes de Alÿs (si no contamos su canonización en el MOMA) es la exposición en el Hammer Museum, que tuvo lugar entre 2007 y 2008 y que llevó por título: *Politics of rehearsal*. En esa exposición se reúnen algunos de sus trabajos más importantes, y en la mayoría de los casos, desde mi punto de vista, trabajos muy interesantes (y admirables) que darían para otro análisis. Sin embargo, permítaseme salirme por la tangente y pensar el tema de otro modo. Esta tentativa de pensar lo político podía leerse desde otra óptica, es decir, introyectivamente, hacia la propia institución. Pero ¿por qué no hablar de las políticas o de los «bienes raíces», una vez más, de las instituciones? ¿Desde dónde es posible legitimar una postura política? Veamos un caso. ¿Qué es el Hammer Museum? Pues el museo de Armand Hammer, dueño de Occidental Petroleum Corporation, más conocida como OXY. Fue una parte de esta empresa –Hoocker Chemical– la culpable de la tragedia del *Love Canal*. ¿Por qué no hacer un trabajo *de paisaje* o de caminata o de «chorreo» de pintura sobre este desastre que tiene al benefactor del museo como partícipe? La respuesta se conecta con lo dicho anteriormente: la incomodidad que eso implicaría en las políticas del arte. ¿Qué fue el Love Canal? En Estados Unidos existía un pueblo llamado Love Canal. En dicho lugar había un canal de agua que nunca había sido terminado y que entre los años cuarenta y cincuenta fue utilizado por Occidental Petroleum Corporation para descargar sus residuos peligrosos. Allí descargaron cerca de 21.000 toneladas de residuos tóxicos. Al mismo tiempo deshechos cloacales y radiactivos se fueron también vertiendo en el mismo lugar. Cuando la ciudad empezó a crecer, el canal, en lugar de ser cerrado, se cubrió por encima y el Comité Escolar solicitó ese terreno para la construcción de un colegio. La Occidental Petroleum Corporation, a través de la Hoocker Chemical, vendió por un dólar el terreno. Así es como una escuela se construyó justo encima de un sitio tan peligroso. En 1977, los problemas de salud entre la población ya eran evidentes. Los niños que asistían al colegio presentaban problemas en la piel por el contacto con la tierra del patio, de la misma forma quienes comían vegetales de sus propias huertas enfermaban, la tasa de abortos espontáneos aumentó considerablemente, los defectos de nacimiento crecieron en un número alarmante, etc. Tras largas y difíciles discusiones con el gobierno del Estado de Nueva York, los habitantes de esa ciudad lograron ser evacuados y el sitio se declaró zona de emergencia. Hooker Chemical –Occidental Petroleum Corporation– fue obligada a pagar más de 200 millones de dólares para descontaminar la zona. Posiblemente la creación del Hammer Museum en 1990 fuese un modo o un intento de lavar su cara ante el público. Entonces, ¿por qué no desarrollar una obra sobre estas tierras infectadas? ¿Por qué no una obra *que transite poéticamente por ese espacio*? ¿Por qué no visibilizar este conflicto *desplazado* por el propio arte y por lo medios de comunicación? No se trata de *postular una denuncia directa,* sino de visibilizar con el mismo juego «poético» una realidad política menos visible. Valga este caso como ejemplo o modelo de desactivación política del arte por parte de estos artistas (y teóricos) y su extraña relación con eso que hemos denominado políticas del arte. ¿Por qué no pensar lo político desde la propia institución? ¿No es la galería o el museo un lugar *como cualquier otro* según Bourriaud? En el caso de Alÿs las políticas artísticas de intervención son plenamente *juste milieu,* un «arte político» destinado a no ofender, pero sí, a través de eso llamamiento *poético,* a ofrecernos una mirada banalmente política sobre *lo que se lleva.* Frente a la política, por ejemplo, que implica la tergiversación o desidentificación o reconfiguración, Alÿs, al menos en este caso, apuesta por la poetización.

Dicho esto, no se le escapa a Graciela Speranza el vínculo entre este tipo de acciones y las propuestas situacionistas. Por ejemplo, Graciela Speranza, al hablar de la obra *La línea verde,* escribe: «sus paseos se acercan más a la *deriva* y el *desvío* con los que Debord y los situacionistas llamaban a vagar sin rumbo». Sin embargo, como podemos imaginar, al instante vemos el paso hacia ese estado *desactivado* del situacionismo, o el situacionismo convertido en estilo –su negación misma–. Se llega incluso a la afirmación de que el error del situacionismo está en su carácter político. De este modo se pretende una reapropiación (delirante) del situacionismo «prescindiendo de la dimensión política que no nos interesa aquí y que, dicho sea de paso, fue unos de los puntos débiles de la teoría y origen del fracaso de su programa»[18]. La preocupación por la esfera política como el punto débil del situacionismo. Escribe Speranza: «la ambición de Alÿs no es tan explícitamente política ni emancipatoria. Apuesta más bien por el poder de la acción y el relato». Frente a las parcelas políticas y emancipatorias –que en ocasiones son el punto de partida de su obra– opta por la poetización de un espacio, a la espera de que sea el propio espacio el que haga visible «lo que sea». La perspectiva de puesta en evidencia de las contradicciones tanto sociales como políticas a través de lo «absurdo urbano», como ocurría en las prácticas situacionistas, se desplaza en favor de acciones que atraigan «sentidos latentes en el entorno urbano»[19], así como un concepto de «lo poético» que desactiva, a través de lo emocional, toda posibilidad crítica. Este desplazamiento *poético* (e institucional) es otra forma de *estilizar* el situacionismo, de producir su propio estado paradójico.

En las estrategias de intervención, dentro del situacionismo, el desvío o la tergiversación *(détournement)* y la copia actúan viralmente como modelos de antiideología, negando toda autoridad, así como toda división historicista entre pasado y presente, pero además, esta intervención implica una constante desvalorización del arte, una crítica a sus propios fundamentos[20]. En 1956 Guy Debord escribía: «Es por tanto necesario formar una representación paródica de lo serio donde la acumulación de elementos tergiversados, lejos de provocar y alentar la indignación o de hacer alusiones cómicas a las obras originales, expresará nuestra indiferencia hacia un original prohibido y sin sentido»[21]. Y en *La socie-*

---

[18] A. Fernández Mallo, *Postpoesía, op. cit.,* p. 98.

[19] G. Speranza, *Atlas portátil de América Latina, op. cit.,* p. 100.

[20] Véase al respecto el artículo de D. Hernández Sánchez «Copias, postproducciones y otras estétitcas del guardar-como», *op. cit.,* p. 89, disponible en [https://www.uma.es/contrastes/pdfs/MON2008/05_Hernand_Estetizac.pdf].

[21] G. Debord y G. J. Wolman, «Métodos de tergiversación», *Les Levres Nues* 8, mayo de 1956, disponible en [http://serbal.pntic.mec.es/~cmunoz11/debord.html]. Los situacionistas definían de este modo la *tergiversación* como método de acción: «Se emplea como abreviación de la fórmula: tergiversación de elementos estéticos prefabricados. Integración de producciones actuales o pasadas del arte, en una construcción superior de medio. En este sentido no puede haber pintura o música situacionistas, sino un uso situacionista de estos medios. En un sentido más primitivo, la tergiver-

dad del espectáculo añadía: «no es la negación del estilo, sino el estilo de la negación»[22]. No cabe duda de que una aceptación *total* del situacionismo hoy parece imposible en tanto cuanto el contexto (no así el texto capitalista) ha variado, es cierto; ahora bien, eso no implica (ni explica) el desfondamiento (o desprecio) de sus posibilidades críticas. Si, por un lado, al hablar de situacionismo nos debemos referir al establecimiento de una crítica capaz de superar (en un sentido dialéctico) las formas de construir «empaquetados sensibles» propias de la historia del arte tradicional y sus instituciones, por el otro, en efecto, no es posible obviar la crítica particularmente pobre del situacionismo hacia lo que podemos llamar autoconciencia artística (el momento de *realización de la obra,* recuerda, entre otros, Perniola). No obstante, aceptar esto, la ausencia de una radical crítica de la subjetividad artística, se torna necesario para una superación efectiva del arte[23]; asumir esto, insisto, no justifica la revisión blanda (la no-revisión, mejor) de sus predicados críticos. En este sentido, si establecemos una comparación entre el proyecto surrealista (en un sentido amplio) y el situacionismo, es posible observar un salto cualitativo[24]. Este salto corresponde con un nuevo posicionamiento ante *lo institucional,* una ruptura con los ambientes artísticos, un rechazo de las obras, pero, fundamentalmente, una nueva y más compleja relación entre imaginación y espacio real (donde eso real alude también a la percepción de la historia en el presente).

Detengámonos de nuevo un instante. Es evidente que una referencia así al situacionismo debería implicar una serie de conceptos y referencias clave. No obstante, en este retorno del situacionismo (dentro de esta *alta cultura descafeinada*) parece huirse de

---

sación en el interior de las antiguas esferas culturales es un acto de propaganda que testimonia la usura y la pérdida de importancia de estas esferas». «Definiciones», en VVAA, *La creación abierta y sus enemigos, op. cit.,* p. 25.

[22] G. Debord, *La sociedad del espectáculo,* trad. de J. L. Pardo, Pre-Textos, Valencia, 1999, p. 166.

[23] Quien ha sostenido esta postura crítica frente al situacionismo es Mario Perniola, quien escribía en 1972: «Dejar de creerse a sí mismo una totalidad es por lo tanto el primer paso hacia la superación efectiva del arte: un paso que los situacionistas nunca fueron capaces de dar». M. Perniola, *Los situacionistas. Historia crítica de la última vanguardia del siglo* XX, trad. de Á. García-Ormaechea, Acuarela / Antonio Machado, Madrid, 2008, p. 50.

[24] Seguimos en este punto la tesis de Mario Perniola en *ibid.,* p. 41.

cualquier complicación teórica que implique penetrar en el movimiento. Se acepta así la versión superficial del situacionismo y sobre ella se trabaja. El problema también se sitúa en que el situacionismo no deja de ser, tal vez, la última propuesta cultural *total* frente al modelo capitalista (devenido neoliberal). Es una propuesta consciente de su propio carácter revolucionario, lo cual a veces se nos olvida. «¿Cómo vamos a provocar la quiebra de la cultura dominante?», se pregunta el situacionismo. La respuesta no deja indiferente:

> De dos formas, gradualmente en primer lugar, luego bruscamente. Nos proponemos utilizar de una manera no-artística conceptos de origen artístico. Hemos partido de una exigencia artística, que no se parece a ningún viejo esteticismo porque era precisamente la exigencia del arte moderno revolucionario en su momento más álgido. Hemos llevado esta exigencia a la vida, por tanto hacia la política revolucionaria, es decir, de hecho su ausencia y la búsqueda de las explicaciones sobre su ausencia. La política revolucionaria total que deriva de ella, y que es confirmada por los momentos álgidos de la lucha revolucionara real de los cien años últimos, ocupa entonces el primer lugar de este proyecto (una voluntad de vida directa) pero sin que existan ya ni política ni arte como formas independientes, ni el reconocimiento de ningún otro campo separado. La contestación y la reconstrucción del mundo no viven más que en la indivisión de semejante proyecto, en el que la lucha cultural ya no es más que el pretexto y la cobertura para un trabajo más profundo[25].

Después de mayo del 68 el nuevo espíritu del capitalismo impregna todo, completamente todo, inhabilitando un afuera; la posibilidad misma de engendrar un imaginario; la cancelación de cualquier alternativa. La imaginación y la creatividad, armas radicales del situacionismo, son asumidas (y transformadas acríticamente) en el vientre neoliberal[26]. La creatividad se ha instalado, contra el de-

---

[25] «La vanguardia de la presencia», en VVAA, *La creación abierta y sus enemigos, op. cit.,* p. 272.

[26] Veáse al respecto nuestro *En los límites de lo posible. Política, cultura y capitalismo afectivo,* Akal, Madrid, 2018.

seo situacionista[27], en la dinámica narrativa del neoliberalismo. Una creatividad, tal como la defienden gurús del emprendimiento neoliberal como Richard Florida o Charles Landry, transformada en pieza nuclear del individualismo y de la competitividad capitalistas. Hay, en efecto, una deserción completa. Por eso, leído desde hoy, en ocasiones el situacionismo puede sornarnos ciertamente infantil, parece destilar incluso cierta inocencia. Sin embargo, desde otro lugar, no me cabe duda de que sus textos e ideas pueden seguir siendo animales devoradores para el presente, siempre y cuando tengamos claro nuestro lugar y su fracaso (o nuestro fracaso y su lugar). Tratando de desmentir los lugares comunes o la idea de un situacionismo alejado del arte, T. J. Clark y Donald Nicholson-Smith publicaron en 1997 «Por qué el arte no puede acabar con la Internacional Situacionista» y allí, entre otras cosas, leemos: «Los esfuerzos del conocimiento organizado por desacreditar a los situacionistas –por colgarles la etiqueta desdeñosa que los convierta en parte del "izquierdismo infantil", la "política de la autenticidad", "los años sesenta" o algún otro seudofenómeno atestiguado– son a la vez completamente lógicos (al conocimiento organizado se le da bien, al menos, identificar a sus enemigos reales) y maravillosamente contraproducentes. Por alguna razón la Internacional Situacionista se resiste a desaparecer»[28]. Y es cierto que existe esa resistencia a desaparecer. No deja de ser capital su aceptación de que el campo de lucha es el campo cultural de la vida cotidiana, apartarse de ella es un grave error. El situacionismo puso en pie una serie de caminos culturales, artístico-políticos, que han sobrevivido sobre un horizonte completamente disímil del cual surgieron. No obstante, existe otro peligro, al cual nos enfrentamos: que la *resistencia* del situacionismo pase por su estetización-despoliticación lo cual parece más bien una estrategia de ese «conocimiento organizado», denunciado por Clark y Nicholson, que es representado hoy por todo

[27] Escribe, por ejemplo, Raoul Vaneigem: «El enemigo número UNO del poder es la libre irradiación de creatividad individual. Y la fuerza de la creatividad reside en lo unitario», *Tratado del saber vivir para uso de las jóvenes generaciones,* trad. de J. Jordá, Anagrama, Barcelona, 2008, p. 272.

[28] T. J. Clark y D. Nicholson-Smith, «Por qué el arte no puede acabar con la Internacional Situacionista», en Sección Inglesa de la Internacional Situacionista, *La revolución del arte moderno y el moderno arte de la revolución,* trad. de F. Corriente, Pepitas de Calabaza, Logroño, 2011, p. 85.

el activismo cultural neoliberal (y sus instituciones), las cuales hemos tratado de analizar a lo largo de este libro.

Guy Debord tenía claro que el objetivo era la vida cotidiana. Por ello en «Tesis sobre la revolución cultural» escribió: «Los situacionistas consideran la actividad cultural desde el punto de vista de la totalidad, como un método de construcción experimental de la vida cotidiana, que se puede desarrollar permanentemente con la extensión del ocio y la desaparición de la división del trabajo (comenzando por la división del trabajo artístico)»[29]. La conexión entre esa mutación de la vida cotidiana y los aspectos revolucionarios fue siempre pieza clave de la fuerza situacionista. Una de las tesis centrales de Debord, a este respecto, era la idea de que la vida cotidiana había sido completamente colonizada. De esta forma el tiempo se había convertido en tiempo de trabajo, pero también en tiempo de pagar facturas, tiempo de ahorrar y tiempo de consumir[30]. El capitalismo es una gran máquina capaz de generar deseos y necesidades que solo la propia dinámica del capitalismo puede satisfacer. Ahí reside el núcleo de su supervivencia. Posee, en efecto, el poder histórico de transformar lo superfluo en necesario, la habilidad de mantener, por tanto, una fuerza deseante en estado *permanente.* Partiendo de este horizonte, parece evidente que desde la perspectiva debordiana esa colonización de la vida cotidiana debía ser saboteada, únicamente, desde el interior de la propia vida, y la única manera de lograrlo sería generando deseos y necesidades que el capitalismo se viera incapaz de satisfacer, o al menos incapaz de ello sin poner en cuestión su propia lógica. Escribe Debord: «necesitamos inundar el mercado [...] con una masa de deseos cuyo cumplimiento no esté

29 G. Debord, «Tesis sobre la revolución cultural», en VVAA, *La creación abierta y sus enemigos, op. cit.,* p. 35.

30 En *Tratado del saber vivir para uso de las jóvenes generaciones* Roaul Vaneigem trata acerca de esta visión del tiempo, desde su particular punto de vista. Escribe: «Bajo el ángulo del poder, no hay momentos vividos (lo vivido no tiene nombre), sino tan solo instantes que se suceden idénticos en la línea del pasado. Todo un sistema de condicionamiento vulgariza esa manera de ver, toda una persuasión clandestina lo inyecta. El resultado salta a la vista. ¿Dónde está este presente del que se habla? ¿En qué rincón perdido de la existencia cotidiana?». R. Vaneigem, *Tratado del saber vivir para uso de las jóvenes generaicones, op. cit.,* p. 272. Bajo la necesidad de cortocircuitar este proceso es donde se observa la necesidad de *realizar* el arte.

más allá de los actuales medios de acción de la humanidad en el mundo material, sino solo más allá de capacidad de la antigua organización social». Por supuesto, aquí late, en cierta medida, la presencia de Henri Lefebvre. Ahí está presente una radical crítica a la vida cotidiana, y, al mismo tiempo, la necesidad de entender la vida como *praxis.* A este respecto, lo «cotidiano puede ser terreno para formas y tiempos de vida si produce situaciones para una praxis colectiva. Praxis podría significar aquí un nacimiento a través del encuentro con otra cosa, un encuentro que requiere un momento de transformación y reflexión»[31]. La colonización de la vida cotidiana por parte del mercado implica, en efecto, una reducción del papel de la esfera colectiva, pero aún así los grupos resisten. Por tanto, lo cotidiano, como pensaba Lefebvre, es el lugar de las tácticas. Este aspecto era esencial para el situacionismo. Desde ahí, desde lo cotidiano, era posible el cambio cultural que incluía a la clase trabajadora[32].

En lo mencionado hasta ahora, el concepto de cultura se muestra como eje de este engranaje revolucionario. Dentro de las definiciones situacionistas ocupa un lugar importante. La palabra «Cultura» aparece así definida: «Reflejo y prefiguración, en cada momento histórico, de las posibilidades de organización de la vida cotidiana; complejo de la estética, los sentimientos y las costumbres, mediante el que una colectividad reacciona ante la vida que les es dada objetivamente por la economía»[33]. La palabra *cultura,* pues, indicaba en la arquitectura situacionista el espacio a través del cual era *posible esa reacción* al modelo capitalista. Todo ello a través de la toma de la vida cotidiana. Desde ella se puede ejercer la revolución. El suyo «era un programa de exigencias inmediatas que debían ser vividas en el presente como medios y fines de la actividad revolucionaria»[34]. Es en este punto en el que el arte pue-

---

[31] M. Wark, *La playa bajo la calle, op. cit.,* p. 166.

[32] «Experimentar la vida como una competencia en la que aplicar estrategias es una visión mucho menos disponible para los miembros individuales de la clase trabajadora. Solo a través de la acción colectiva puede el proletariado entrar en la historia en el nivel de la estrategia. [...] Todo cuanto queda son las tácticas de lo cotidiano». *Ibid.,* p. 170.

[33] «Definiciones», en *ibid.,* p. 25.

[34] S. Plant, *El gesto más radical, op. cit.,* p. 17. Este punto aparece claramente en los textos de Debord, por ejemplo al señalar que la «transformación revolucionaria de

de dibujarse (con todas las controversias a su alrededor) como herramienta política, o la política como herramienta artística. Pero ¿cómo tomar aquí el arte? En primer lugar, por supuesto, como un retorno de la conexión arte-vida procedente de las vanguardias históricas, donde el arte y la vida son penetrados mutuamente generando un nuevo lugar, una nueva situación. Pero, en segundo lugar, la necesidad de *realizar* el arte. Esto puede encontrarse, por ejemplo, en una entrevista de 1963 realizada a varios miembros de la Internacional Situacionista acerca del arte social y experimental. Ante la pregunta «¿En qué puede ser realmente social el arte?», la respuesta es la siguiente:

> El momento del arte no ha terminado. Ahora se trata de realizar el arte, de construir efectivamente, a todos los niveles de la vida, lo que antes no pudo ser más que una ilusión o recuerdo artístico, soñados y conservados unilateralmente. Solo se puede realizar el arte *suprimiéndolo*. Sin embargo, hay que admitir que, en el estado actual de la sociedad, que suprime el arte reemplazándolo por el automatismo de un espectáculo aún más jerárquico y pasivo, solo se podrá suprimir el arte realizándolo[35].

Vida cotidiana y realización del arte se debían conectar en tanto que suponían el espacio desde el cual abordar/disparar la mutación en el orden de los deseos, o en los deseos del orden. El momento del arte no ha pasado, pero el arte, en tanto que modo a través del cual se puede ordenar/narrar la vida, se ha convertido en mercancía y difusión de predicados capitalistas. Debord tenía claro que el arte «puede cesar de ser una relación con las sensaciones, para llegar a ser una organización directa de sensaciones superiores. Se trata de producirnos a nosotros mismos, y no cosas que no nos sirvan»[36].

---

la vida cotidiana, que no está reservada a un futuro vago, sino situada inmediatamente delante de nosotros por el desarrollo del capitalismo y sus insoportables exigencias, siendo el otro término de la alternativa el reforzamiento de la esclavitud moderna; esta transformación marcará el fin de toda expresión artística unilateral y almacenada en forma de mercancía». «Perspectivas de modificaciones conscientes de la vida cotidiana», en VVAA, *La creación abierta y sus enemigos, op. cit.,* p. 218.

[35] «Respuesta a una encuesta del centro de arte socio-experimental», en VVAA, *La creación abierta y sus enemigos, op. cit.,* p. 305.

[36] G. Debord, «Tesis sobre la revolución cultural», *op. cit.,* p. 35-36.

Los situacionistas, en efecto, consideraban sin restricciones que la cultura podía tomarse como un método de construcción experimental de la vida cotidiana[37]. Es en este sentido que los situacionistas llegaron a hablar de arte como «crear comunidad». La cultura, como mencionaba Raymond Williams, es algo ordinario, que nace de esa misma comunidad. Esto es, como experiencia radical frente al individualismo. El arte se visualiza así como donación o regalo que no espera nada a cambio. No es donación como intercambio, sino donación radical cuyo objetivo es ser en comunidad. Una fractura total de la propia concepción de propiedad de las formas. El arte entendido como juego-donación frente a los modelos de propiedad alojados en la propia forma de la alienación. Ahí están entonces las palabras de Lefebvre: «Alienación... Sé que estás ahí cada vez que canto una canción de amor o recito un poema, cada vez que cojo un billete de banco o entro en una tienda, cada vez que miro un cartel o leo un periódico. En el momento mismo en que el ser humano se define en cuanto a "tener posesiones", sé que está ahí desposeyendo al ser humano»[38]. Esta es la línea sobre la que se situarán buena parte de los situacionistas.

Es evidente que el concepto del arte del cual participaban los situacionistas se engarzaba directamente con algunas de las facetas más radicales de las vanguardias históricas, pero lo llevaban incluso más allá. Según señalaban en su momento los situacionistas, es necesario «cortocircuitar el arte; hay que poner todo el poder acumulado de las fuerzas productivas al servicio de la imaginación y la voluntad de vivir del hombre, de los incontables sueños, deseos y proyectos a medio realizar que constituyen nuestra obse-

[37] Guy Debord lo describe del siguiente modo: «El fin tradicional de la estética es hacer sentir, en la privación y la ausencia, algunos elementos pasados de la vida que escaparían de la confusión de las apariencias a través de una mediación artística, siendo por tanto la apariencia la que sufre el reinado del tiempo. El logro estético se mide por una belleza que es inseparable de la duración y tiende incluso a reclamar la eternidad. El fin de los situacionistas es la participación inmediata en una abundancia pasional de vida mediante la transformación de momentos efímeros conscientemente dispuestos. La realización de estos momentos solo puede darse como efecto pasajero. Los situacionistas consideran la actividad cultural, desde el punto de vista de la totalidad, como un método de construcción experimental de la vida cotidiana que puede desarrollarse permanentemente con la ampliación del ocio y la desaparición de la división del trabajo (empezando por la del trabajo artístico)». *Ibid.*, p. 35.

[38] Cit. en M. Wark, *La playa bajo la calle, op. cit.*, p. 52.

sión común y nuestra esencia, y a los que todos renunciamos sin decir palabra a cambio de miserables sucedáneos. Nuestras fantasías más disparatadas son los elementos más ricos de nuestra realidad»[39]. Frente al concepto de artista como *entretenedor* que amuebla «bellamente algunas diversiones»[40], se proponen un arte que dé sentido a la vida cotidiana, realizando el arte, es decir, transformando la experiencia directa que la cultura dominante dibuja y sobre la cual traza nuestras experiencias del tiempo y del espacio. Por ello mismo, en «Manifiesto» escriben: «Contra el arte parcelario, será una práctica global que se dirija a la vez a todos los elementos utilizables. Tiende naturalmente a una producción colectiva y, sin duda, anónima (al menos en la medida en que, las obras, al no ser almacenadas como mercancías, esta cultura no será dominada por la necesidad de dejar trazas). Sus experiencias proponen, como mínimo, una revolución del comportamiento»[41]. Así, suprimiéndose, el arte se realiza a través de la *revolución del comportamiento.* Esta revolución se da directamente en la vida cotidiana, en los gestos incluso menores: «todo el mundo se convertirá en artista, en un sentido que los artistas no han alcanzado: la construcción de su propia vida»[42]. Los situacionistas tenían claro, en definitiva, que la vida cotidiana «es la medida de todo: de la realización, o más bien de la no realización de las relaciones humanas; de la utilización del tiempo vivido; de las investigaciones del arte; de la política revolucionaria»[43].

---

[39] «Transformación de la miseria y transformación del proyecto revolucionario», en Sección Inglesa de la Internacional Situacionista, *La revolución del arte moderno y el moderno arte de la revolución, op. cit.,* p. 18.

[40] «En sentido del deterioro del arte», en VVAA, *La creación abierta y sus enemigos, op. cit.,* p. 77.

[41] «Manifiesto», en *ibid.,* p. 150.

[42] *Ibid.*

[43] G. Debord, «Perspectivas de modificaciones conscientes de la vida cotidiana», en *ibid.,* p. 208. Este texto es clave para comprender esta vinculación entre vida cotidiana, arte y pulsión política: «La vida cotidiana está organizada en los límites de una pobreza escandalosa. Y, sobre todo, porque esta pobreza de la vida cotidiana no tiene nada de accidental: es una pobreza que le es impuesta en todo instante por la coacción y por la violencia de una sociedad dividida en clases; una pobreza organizada históricamente según las necesidades de la historia de la explotación», *ibid.,* p. 209. Para los situacionistas esta revolución de la vida cotidiana estaba cerca en la medida en que el capitalismo había alcanzado, pensaban, un punto insoportable. Por ello añade Debord: «La transformación revolucionaria de la vida cotidiana, que

Que hay una fuerte dosis de utopía en todo este proceso parece evidente y es aceptado por los propios situacionistas, que se preguntan y se responden de este modo: «¿Qué significa hoy la utopía? Crear el tiempo y el espacio reales en cuyo seno pueda realizarse el conjunto de nuestros deseos y ser deseada el conjunto de nuestra realidad. Crear la obra de arte total»[44]. En todo este proceso, por supuesto, es esencial una revisión radical del lenguaje. *El problema del lenguaje,* como es mencionado por los situacionistas, se muestra como pieza en este engranaje de la obra de arte. Escriben: «El problema del lenguaje está en el centro de todas las luchas por la abolición o el mantenimiento de la alienación actual; inseparable del terreno de estas luchas»[45]. Rechazan de este modo cualquier supuesto de neutralidad concedido a las palabras, las cuales, señalan, no juegan sino que operan incansablemente por cuenta de la cultura dominante de la vida cotidiana. Es el poder, insisten, quien otorga (y produce) «el falso carné de identidad a las palabras, les impone un salvoconducto, determina su sitio en la producción»[46]. La lucha crítica contra el lenguaje (es el caso de la tergiversación) implica, por tanto, el descubrimiento de un camino radical contra la construcción de la vida cotidiana que se genera en el seno de la cultura dominante. El mismo Debord lo dibujaba del siguiente modo: «El actual cuestionamiento del lenguaje contemporáneo, de este metalenguaje de las máquinas, que no es más que el lenguaje burocratizado de la burocracia del poder, será superado entonces por formas superiores de comunicación. La actual noción de texto social descifrable, deberá desembocar en nuevos procedimientos de escritura del texto social»[47]. Todo esto, bajo la perspectiva situacionista, nos lleva al punto inicial: la orde-

---

no está reservada a un futuro vago, sino situada inmediatamente delante de nosotros por el desarrollo del capitalismo y sus insoportables exigencias, siendo el otro término de la alternativa el reforzamiento de la esclavitud moderna; esta transformación marcará el fin de toda la expresión artística unilateral y almacenada en forma de mercancía». *Ibid.,* p. 218.

[44] «La realización del arte y la revolución permanente de la vida cotidiana», en Sección Inglesa de la Internacional Situacionista, *La revolución del arte moderno y el moderno arte de la revolución, op. cit.,* p. 23.

[45] «All the King's men», en VVAA, *La creación abierta y sus enemigos, op. cit.,* p. 288.

[46] *Ibid.*

[47] G. Debord, «Perspectivas de modificaciones conscientes de la vida cotidiana», en *ibid.,* p. 217.

nación de nuevas configuraciones de la vida cotidiana, la creación libre de nuevos acontecimientos.

Tras esta breve exposición, si ahora cruzamos líneas generando una comparación entre el proyecto situacionista y las estrategias de intervención apropiacionista de la postproducción, del *sampleado* o del nomadismo –en sus diferentes versiones– observamos cómo estas desactivan por completo toda estrategia situacionista volviéndola blanda y, sobre todo, domesticada a través de ese eclecticismo (que niega el estilo en su ser ecléctico, es decir, por saturación) y aceptando la *originalidad* (y su reformulación bajo el nombre o concepto indeterminado de *acto poético*) como sentido a través de la idea de un arte como *suma cero fácilmente mercantilizable*. Es por ello que toman la *tergiversación* no como superación del arte, sino como aclimatación a un nuevo sentido institucional (o bienal, si queremos ser concretos). Podemos trasplantar a nuestro presente estas palabras escritas por la sección inglesa de la Internacional Situacionista: «hay un montón de movimientos culturales [...] que se autoproclaman evoluciones coherentes a partir de las bases del arte moderno –una vanguardia contemporánea– que de hecho no son sino la falsificación de los momentos álgidos del arte moderno y su integración»[48]. Sobre este punto, Mustapha Khayati, en el número 10 de la *Internacional Situacionista* ya aventuraba el problema de cómo el capitalismo es capaz de aglutinar en su interior todo proceso crítico: «los conceptos más corrosivos son vaciados de contenido y devueltos a la circulación al servicio del mantenimiento de la alienación [...]. Se convierten en eslóganes publicitarios»[49]. No deja de ser curioso este punto, es decir, el hecho de que los propios situacionistas fueran conscientes de que su *hacer* o su concepción de la vida cotidiana podía ser utilizada de un modo mercantilizable, inutilizada políticamente y diluida como objeto lúdico-mercantil. Los situacionistas, pues, pronto observarán con qué facilidad tanto las instituciones como el mercado pueden hacer acopio de su modo de hacer sin incluir dentro ningún proyecto

[48] «La obra de arte: una mercancía espectacular», en Sección Inglesa de la Internacional Situacionista, *La revolución del arte moderno y el moderno arte de la revolución, op. cit.*, p. 31.

[49] M. Khayati, «Las palabras cautivas», en *Internacional Situacionista* 10, pp. 414-419.

revolucionario. Para defenderse de ello, en un trabajo sobre el concepto de vanguardia, señalan que «el esbozo de una construcción de las situaciones debe ser el juego y lo serio de la vanguardia revolucionaria, y no puede existir para gente que se resigna en algunos puntos a una pasividad política»[50]. La toma de conciencia por parte de los propios situacionistas del uso despolitizado del situacionismo y sus prácticas (tal como hemos mostrado en este libro), los lleva a escribir lo siguiente: «no podemos pretender ser inexplotables en las condiciones presentes; sencillamente debemos trabajar para hacer que esa clase de explotación entrañe el mayor riesgo para los explotadores»[51]. La idea era, pues, considerar que la apropiación despolitizada del situacionismo debería llevar aparejado algo así como un ataque. Sadie Plant señala que «como los situacionistas eran tan conscientes de los peligros de su recuperación, es tentador imaginar que hay minas colocadas en el terreno que se les ha arrebatado»[52]. Es tentador pensarlo, pero ¿dónde están esas minas? Las necesitamos.

Volviendo a lo antes apuntado, quizá la falla en esa crítica radical a la subjetividad creativa haya provocado este desfondamiento crítico en el arte actual. Tal vez sea esta una hipótesis demasiado arriesgada, que ahora solo dejamos en el aire. Sin embargo, recordamos aquí las palabras de Mario Perniola acerca de la *tergiversación* situacionista: «La importancia de este procedimiento consiste en el hecho de que a través de él objetos e imágenes que guardan una estrecha relación con la sociedad burguesa (obras de arte, pero también anuncios publicitarios, manifiestos de propaganda, fotografías pornográficas, etc.) se sustraen a su destino y finalidad para ser colocadas en un contexto cualitativamente distinto, en una perspectiva revolucionaria»[53]. En una de las definiciones más célebres

---

[50] «La vanguardia de la presencia», en VVAA, *La creación abierta y sus enemigos, op. cit.*, p. 269.

[51] «Ahora, la I. S.», en *Internacional situacionista* 9, pp. 337-340.

[52] S. Plant, *El gesto más radical, op. cit.*, p. 289.

[53] M. Perniola, *Los situacionistas, op. cit.*, p. 41. Continúa Perniola: «Así, tanto las cosas más excelsas como las más banales pueden ser objeto de una apropiación mucho más profunda de la que implica su mero disfrute pasivo o su posesión económica. La generalización del *desvío* puede llevar a un verdadero descondicionamiento cultural [...] y constituir una de las posibles respuestas del proletariado a la *recuperación* que la burguesía pretende hacer de sus manifestaciones creativas».

del concepto leemos: «Se emplea como abreviación de la fórmula: tergiversación de elementos estéticos prefrabricados. Integración de producciones de las artes actuales o pasadas en una construcción superior del medio. En este sentido no puede haber pintura ni música situacionistas, sino un uso situacionista de estos medios. En un sentido más primitivo, la tergiversación en el interior de las antiguas esferas culturales es un método de propaganda que testimonia el desgaste y la pérdida de importancia de estas esferas»[54]. Si bien el «uso» situacionista de esos medios puede llegar a activarse, no se cumple la que, podemos sospechar, es la parte fuerte del plan situacionista: la pérdida de importancia de las esferas institucionales y la toma de la vida cotidiana. Sobre *la tergiversación* escribe Bourriaud: «Si bien la tergiversación de obras preexistentes es un procedimiento que actualmente se utiliza con frecuencia, los artistas ya no recurren a ello para "desvalorizar la obra de arte", sino para hacer uso de ella»[55]. «Usar» el situacionismo como una mercancía poetizable. «Uso» que todas y cada una de las instituciones neoliberales han aprendido a manejar. El propio Bourriaud lo reconoce: «manipular los procedimientos situacionistas sin pretender la abolición del arte»[56]. Y añade que «allí donde los situacionistas tenían por objeto corromper el valor de la obra tergiversada, es decir, combatir el capital cultural», los artistas de la postproducción tienden a crear obras generadoras de una «operación neutra»[57]. Además, sostiene que si «el arte contemporáneo tiene un proyecto político», este es el de «dar a las costumbres más arraigadas el aspecto de ritual exótico»[58] (¿volver a Gauguin?). Es decir, estetiza. Esa es la estrategia conservadora que pretende transformarse en política. Por lo tanto, la revisión de parte del arte contemporáneo en esta versión apropiacionista tiende hacia este modelo «descafeinado» donde: a) se nos dice que la galería es un lugar más y b) se pretende un situacionismo neutro (o neutralizado) debido fundamentalmente al presupuesto a). En este sentido, si el apropiacionismo tiende a la suma cero, a ser algo neutro, su objeto y objeti-

[54] «Definiciones», en VVAA, *La creación abierta y sus enemigos, op. cit.*, p. 25.

[55] N. Bourriaud, *Postproducción, op. cit.*, p. 52.

[56] *Ibid.*, p. 42.

[57] *Ibid.*

[58] N. Bourriaud, *Radicante, op. cit.*, p 114.

vo, aún disfrazado de vaga vanguardia, no deja de ser puramente estético, en el sentido formalista del término, y, de esta forma, reclama una nueva autonomía purificada e institucionalizada del arte; es decir, un nuevo concepto de autonomía que permita su subsistencia. Por lo tanto algo similar, de nuevo, al caso de la transvanguardia, tal como vimos en el capítulo anterior. Nada de crítica a la institución ni al mercado. Más aún, necesidad extrema de él. Esto es, un situacionismo sin situacionismo, o, como antes veíamos al referirnos a Andreas Huyssen, un *Brecht sin Brecht.* Como bien nos recuerda Sadie Plant, «aunque la deriva hacia el sinsentido y hacia la libre aceptación de la mercantilización, del silencio y de la apatía a las que invitan las relaciones sociales capitalistas puede ser provocadora y subversiva, no puede ser convertida en un principio universal que exprese [...] el estado ineludible del mundo»[59].

Desde Duchamp, la apropiación de lo real existente –tal como hemos analizado– tenía un sentido crítico, o bien hacia el propio arte, o bien hacia fuera, la realidad. Sin embargo, estas estrategias de apropiación actuales (centradas en la galería y en la neutralidad, así como por una obsesión por el medio) recuerdan mucho a aquello que exponía anecdóticamente David Hume en sus *Ensayos económicos,* aquel ejemplo del sujeto que se pasaba billetes de una mano a la otra y creía –orgulloso– estar haciendo nuevas y fructíferas transacciones económicas. Una especie de nuevo formalismo, que es lo que hemos tratado de señalar en las páginas precedentes, que crece bajo la apariencia de una crítica consensual capaz de tranquilizar la conciencia del neoliberalismo y reproducir su *forma de vida.* De esto, precisamente, avisaba Douglas Crimp en los ochenta, al observar el conservadurismo al que se encaminaba cierto apropiacionismo: «la estrategia de la apropiación se convierte simplemente en otra categoría académica –una temática– a través de la cual el museo organiza sus objetos»[60].

Todas estas son estrategias en las cuales la apropiación o el *sampleado* del pasado sirve simplemente como una especie de auto-

---

[59] S. Plant, *El gesto más radical, op. cit.,* p. 281.

[60] D. Crimp, «La apropiación de la apropiación», en D. Crimp, *Posiciones críticas. Ensayos sobre las políticas del arte y la identidad,* trad. de E. García Agustín, Akal, Madrid, 2005, p. 57.

complacencia, componiendo la esencia de esa tercera venida de Hank Herron, donde el falsificador se convierte en un romántico deseoso de que su falsificación cumpla alguna epifanía, donde el situacionista termina transformado en un poeta puro dentro de su torre de marfil. La construcción o reconfiguración de los espacios debería ser uno de los elementos clave para una revisión de lo político y de lo social si ese es el objetivo de la obra de arte. Ahora bien, todo artista que se disponga a ello debería tener presente las enormes contradicciones a las que se enfrenta un arte en el marco económico y político actual.

«El problema consiste en crear formas de intervención que no se limiten a suministrar otros datos, sino que cuestionen esta distribución de lo dado y de sus interpretaciones, de lo real y de lo ficticio»[61], escribe Rancière. No se trata de imponer líneas, ni de diseñar caminos para construir una visión de lo «que debe» ser el arte contemporáneo, pero sí quizá tratar acerca de esa distribución de lo dado. El arte en su relación con lo social tiene, en efecto, la capacidad de intervenir no solo a través de la denuncia, sino que, más allá, la potencialidad crítica podría constituirse mediante estrategias que cuestionasen, precisamente, «esta distribución de lo dado y sus interpretaciones». En ese espacio, quizá, late alguna posibilidad; esto es, la interrupción de la lógica temporal y espacial desde la que experimentamos la vida cotidiana. El arte como cortocircuito, es decir, el arte como brecha a través de la cual escuchamos como discurso lo que «nos dicen» que es solo ruido[62]. El arte como donación (y descolonización) que refleja la generación de nuevas políticas en el marco de la comunidad, más allá de lo dado. Alejados de la ciega pasividad invocada por la teoría posmoderna, no podemos obviar el pulso transformador existente en diversos niveles y espacios sociales. La vida cotidiana sigue siendo el lugar privilegiado desde donde hacer brotar el cambio, y el arte no deja de ser un potenciador radical de ese proceso. Por supuesto, parece ser muy conveniente para todos aquellos que desean negar la posibilidad

[61] J. Rancière, *Sobre políticas estéticas, op. cit.*, p. 77.

[62] Rancière en otro momento apunta: «La actividad política es la que desplaza a un cuerpo del lugar que le estaba asignado o cambia el destino de un lugar; hace ver lo que no tenía razón para ser visto, hace escuchar como discurso lo que no era escuchado más que como ruido». J. Rancière, *El desacuerdo. Política y filosofía,* trad. de H. Pons, Nueva Visión, Buenos Aires, 1996, p. 45.

de una transformación social aceptar pasivamente un mundo en el que la subversión es imposible.

En definitiva, no podemos obviar que la forma de indiscernibilidad entre arte, entretenimiento y medios de comunicación que cierto apropiacionismo actual ha desarrollado conscientemente ha terminado por favorecer el desarrollo de un nuevo formalismo, que acepta superficialmente en ocasiones mostrarse como crítico. Un formalismo que, paradójicamente, se ha asentado en el seno de la llamada estética del *sampleador* (lo que hemos denominado *nostalgia de posmodernidad*), haciendo del *acto de mezclar* su propia zona de juegos, su medio, hasta constituirse «creativamente», desde esa desactivación crítica, en una broma conceptual ecléctica (ingeniosa y epifánica) sin más fines que su propio regocijo formal. El juego situacionista centrado en la revolución de la vida cotidiana ha caído en el juego entendido como fin en sí mismo, necesario para su deslizamiento hacia la forma-mercado. Así, a través de estos planteamientos teóricos, hemos tratado de mostrar los posicionamientos de esa *vanguardia afirmativa* que conforma lo que podemos entender como *alta cultura descafeinada,* la cual podría definirse, finalmente, como «el desbaratamiento situacionista» reconciliado «con la promoción político-cultural».

BIBLIOGRAFÍA

ADORNO, Th. W., «Ensayo sobre Wagner», en *Monografías musicales,* trad. de A. Gómez Schneekloth y A. Brotons Muñoz, Akal, Madrid, 2008.

ÁFRICA VIDAL, M.ª C., *Arte y Literatura. Interrelaciones entre la pintura y la literatura del siglo XX,* Palas Atenea, Madrid, 1992.

ALBARRÁN, J., «Esplendor y ruina de un paradigma: Lo relacional, París-Madrid, Madrid-León», disponible en [http://revpubli.unileon.es/ojs/index.php/dearte/article/view/1352/1076].

ANDERSON, P., *Campos de batalla,* trad. de M. Holguín, Anagrama, Barcelona, 1998

—, *Los orígenes de la posmodernidad,* trad. de L. Andrés Bredlow, Akal, Madrid, 2016.

BAXTER, E., «A footnote to the Festival of Plagiarism», *Variant 5,* verano-otoño de 1988, pp. 26-30.

BERNSTEIN, Ch., «La superioridad de lo falso», en G. Battcock (ed.), *La idea como arte. Documentos sobre el arte conceptual,* Gustavo Gili, Barcelona, 1977.

BERNSTEIN, M., *Todos los caballos del rey,* trad. de M. T. Gallego Urrutia, Anagrama, Barcelona, 2006.

BISHOP, C., *Artificial Hells. Participatory Art and the Politics of Spectatorship,* Verso, Londres, 2012 [ed. cast.: *Infiernos artificiales. Arte participativo y políticas de la espectaduría,* trad. de I. Galina Vaca, T-e-oría, México, 2016].

—, «Antagonismo y estética relacional», disponible en [http://www.un- tref.edu.ar/cibertronic/lopublico_loprivado/nota12/clairebishop_relacionismo-y-es- tetica-relacional.pdf].

BLUMENBERG, H., *La risa de la muchacha tracia. Una protohistoria de la teoría,* trad. de T. Rocha e I. Reguera, Pre-Textos, Valencia, 2000.

BOLTANSKI, L., *De la crítica. Compendio de sociología de la emancipación,* trad. de T. Fernández Aúz, Akal, Madrid, 2014.

Bourriaud, N., *Estética relacional,* trad. de C. Beceyro y S. Delgado, Adriana Hidalgo editora, Buenos Aires, 2006.

—, *Postproducción. La cultura como escenario: modos en que el arte reprograma el mundo contemporáneo,* trad. de S. Mattoni, Adriana Hidalgo editora, Buenos Aires, 2007.

—, «Topocrítica. El arte contemporáneo y la investigación geográfica», trad. de C. Rivera Parra, en VVAA, *Heterocronías. Tiempo, arte y arqueologías del presente,* Cendeac, Murcia, 2008.

—, *Radicante,* trad. de M. Guillemont, Adriana Hidalgo editora, Buenos Aires, 2009.

—, *La exforma,* trad. de E. Berti, Adriana Hidalgo editora, Buenos Aires, 2015.

—, «Precarious Constructions. Answer to Jacques Rancière on Art and Politics», disponible en [http://classic.skor.nl/article-4416-nl.html?lang=en].

Brossat, A., *El gran hartazgo cultural,* trad. de D. J. Domínguez González, Dado ediciones, Madrid, 2016.

Buchloh, B. H. D., *Formalismo e historicidad. Modelos y métodos en el arte del siglo xx,* trad. de C. del Olmo y C. Rendueles, Akal, Madrid, 2004.

Buck-Morss, S., *Mundo soñado y catástrofe. La desaparición de la utopía de masas en el Este y el Oeste,* trad. de R. Ibáñez Ibáñez, Antonio Machado Libros, Madrid, 2004.

—, *Walter Benjamin, escritor revolucionario,* trad. de M. López Seoane, Interzona, Buenos Aires, 2005.

Bürger, P., *Teoría de la vanguardia,* trad. de J. García, Península, Barcelona, 2000.

Carrión, J., *Teleshakespeare,* Errate Naturae, Madrid, 2011.

Chevrier, J.-F., *La fotografía entre las bellas artes y los medios de comunicación,* trad. de C. Zelich, Gustavo Gili, Barcelona, 2007.

Crimp, D., *Posiciones críticas. Ensayos sobre las políticas del arte y la identidad,* trad. de E. García Agustín, Akal, Madrid, 2005.

Crow, Th., «El retorno de Hank Herron», en A. Maria Guasch (ed.), *Los manifiestos del arte posmoderno. Textos de exposiciones 1980-1995,* trad. de C. Palma, Akal, Madrid, 2000, pp. 105-115.

—, *El arte moderno en la cultura de lo cotidiano,* trad. de J. Chamorro Mielke, Akal, Madrid, 2002.

DEBORD, G., «Perspectivas de modificaciones conscientes de la vida cotidiana», en VVAA, *La creación abierta y sus enemigos,* trad. de J. González del Río Rams, La Piqueta, Madrid, 1977.

—, «Tesis sobre la revolución cultural», en VVAA, *La creación abierta y sus enemigos,* trad. de J. González del Río Rams, La Piqueta, Madrid, 1977.

—, *La sociedad del espectáculo,* trad. de J. L. Pardo, Pre-Textos, Valencia, 1999.

—, *Comentarios sobre la sociedad del espectáculo,* trad. de L. A. Bredlow, Anagrama, Barcelona, 2006.

— y WOLMAN, G. J., «Métodos de tergiversación», *Les Levres Nues* 8, mayo de 1956, disponible en [http://serbal.pntic.mec.es/~cmunoz11/debord.html].

DEL RÍO, V., «El concepto de neo-vanguardia en el origen de las teorías del arte postmoderno», en VVAA, *Octavas falsas. Materiales de arte y estética 2,* Luso-Española de Ediciones, Salamanca, 2006.

DERESIEWICZ, W., «The Death of the Artist, and the Birth of the Creative Entrepreneur», disponible en [http://www.theatlantic.com/magazine/archive/2015/01/the-death-of-the-artist-and-the-birth-of-the-creative-entrepreneur/383497/].

DOWNEY, A., «Towards a Politics of (Relational) Aesthetics», *Third Text* 21(3), 2007, pp. 267-275.

DU BOS, J.-B., *Reflexiones críticas sobre la poesía y sobre la pintura,* trad. de J. Monter Pérez, ed. de R. Piñero Moral, Universidad de Valencia, Valencia, 2007.

DUCHAMP, M., *Escritos,* trad. de J. Elías y C. Hess, Galaxia Gutenberg, Barcelona, 2012.

DUNN, P. y LEESON, L., «The Aesthetics of Collaboration», *Art Journal* 56(1), Aesthetics and the Body Politic (Spring, 1997), pp. 26-37.

FERNÁNDEZ MALLO, A., *Postpoesía,* Anagrama, Barcelona, 2009.

FERNÁNDEZ PORTA, E., *Homo Sampler. Tiempo y consumo en la era Afterpop,* Anagrama, Barcelona, 2009.

FINKELPEARL, T., *Dialogues in Public Art,* Massachusetts Institute of Technology Press, Cambridge (Mass.), 2001.

FLORIDA, R., *La clase creativa. La transformación de la cultura del trabajo y el ocio en el siglo XXI,* trad. de M. Asensio, Espasa, Madrid, 2010.

FOSTER, H., *El retorno de lo real,* trad. de A. Brotons Muñoz, Akal, Madrid, 2001.

—, «Escenas primitivas», en H. Foster, *Dioses prostéticos,* trad. de A. Brotons Muñoz, Akal, Madrid, 2008.

—, *Malos nuevos tiempos. Arte, crítica, emergencia,* trad. de J. Chamorro Mielke, Akal, Madrid, 2017.

FRASCINA, F., «La política de representación», en VVAA, *La modernidad a debate. El arte desde los cuarenta,* trad. de Isabel Balsinde, Akal, Madrid, 1999.

FRIED, M., *La modernidad de Manet: o la superficie de la pintura en la década de 1860,* trad. de A. Bozal, Antonio Machado Libros, Madrid, 2015.

GARCÍA CANCLINI, N., *La sociedad sin relato. Antropología estética de la inminencia,* Katz, Buenos Aires, 2011.

GOLDSMITH, K., *Uncreative writing. Managing Language in the Digital Age,* Columbia University Press, Nueva York, 2011

GREENBERG, C., *Arte y cultura,* trad. de J. G. Beramendi y D. Gamper, Paidós, Barcelona, 2002.

GROYS, B., *Sobre lo nuevo. Ensayo de una economía cultural,* trad. de M. Fontán del Junco, Pre-Textos, Valencia, 2005.

HELGUERA, P., *Manual de estilo del arte contemporáneo,* La tumbona, México, 2005.

HERNÁNDEZ SÁNCHEZ, D., «Copias, postproducciones y otras estéticas del guardar-como», *Contrastes,* Suplemento 13, 2008.

HOME, S., *Plagiarism: Art as Commedity and Strategies for Its Negation,* Aporia, Londres, 1987.

HUYSSEN, A., *Modernismo después de la posmodernidad,* trad. de R. Filell, M. Abdo Férez y S. Fehrmann, Gedisa, Barcelona, 2011.

JAPPE, A., *Guy Debord,* trad. de L. A. Bredlow, Anagrama, Barcelona, 2006.

KESTER, G., *Conversation Pieces. Community and Communication in Modern Art,* University of California Press, Oakland, 2004.

KUSPIT, D. (ed.), *Arte digital y videoarte. Transgrediendo los límites de la representación,* trad. de M. Caro, Círculo de Bellas Artes, Madrid, 2006.

LADDAGA, R., *Estética de la emergencia,* Adriana Hidalgo editora, Buenos Aires, 2010.

—, *Estética del laboratorio,* Adriana Hidalgo editora, Buenos Aires, 2010.

LAWSON, Th., «Última salida: la pintura», en B. Wallis, *Arte después de la modernidad. Nuevos planteamientos en torno a la representación,* trad. de C. Rendueles y C. del Olmo, Akal, Madrid, 2001.

LETHEM, J., *The ecstasy of influence: A Plagiarism,* disponible en [http://harpers.org/archive/2007/02/0081387].

LEVINE, Sh., «Five Comments», en B. Wallis y M. Tucker (eds.), *Blasted Allegories,* Massachusetts Institute of Technology Press, Cambridge (Mass.), 1987.

LIPPARD, L., *Six Years: the desmaterialization of the art object from 1966 to 1972,* Studio Vista, Londres, 1973.

—, «Caballos de Troya: arte activista y poder», en J. L. Marzo (ed.), *Fotografía y activismo,* Gustavo Gili, Barcelona, 2006.

LYOTARD, J.-F., *Lo inhumano. Charlas sobre el tiempo,* trad. de H. Pons, Manantial, Buenos Aires, 1998.

—, *La posmodernidad (explicada a los niños),* trad. de E. Lynch, Gedisa, Barcelona, 2001.

MARCHÁN FIZ, S., *Del arte objetual al arte del concepto,* Akal, Madrid, 2012.

MARTEL, F., *Cultura Mainstream. Cómo nacen los fenómenos de masas,* trad. de N. Petit Fontserè, Taurus, Madrid, 2011.

MARTÍN PRADA, J., *La apropiación posmoderna. Arte, práctica apropiacionista y teoría de la posmodernidad,* Fundamentos, Madrid, 2001.

—, *Prácticas artísticas e internet en la época de las redes sociales,* Akal, Madrid, 2012.

MARTIN, S., «Critique of Relational Aesthetics», *Third Text* 21(4), 2007, pp. 369-386.

MARZORATI, G., «Art in the (Re)Making», *Art News,* junio de 1986.

MATARASSO, F., *Use or Ornament? The Social Impact of Participation in the Arts,* disponible en [http://www.culturenet.cz/res/data/004/000571.pdf].

MCEVILLEY, Th., *De la ruptura al «cul de sac». Arte en la segunda mitad del siglo XX,* trad. de A. Brotons Muñoz, Akal, Madrid, 2007.

O'DOHERTY, B., *Inside the White Cube: The Ideology of the Gallery Space,* University of California Press, Oakland, 1999

PERNIOLA, M., *Los situacionistas. Historia crítica de la última vanguardia del siglo XX,* trad. de Á. García-Ormaechea, Acuarela / Antonio Machado, Madrid, 2008.

PERRY, G., «El primitivismo y lo moderno», en G. Perry, F. Frascina y Ch. Harrison, *Primitivismo, cubismo y abstracción,* trad. de J. J. Usabiaga Urkiola, Akal, Madrid, 1998.
PLANT, S., *El gesto más radical. Internacional situacionista en una época postmoderna,* trad. de G. López Gallego, Errata Naturae, Madrid, 2008.
RANCIÈRE, J., *El desacuerdo. Política y filosofía,* trad. de H. Pons, Nueva Visión, Buenos Aires, 1996.
—, *Sobre políticas estéticas,* trad. de M. Arranz, Macba / UAB, Barcelona, 2005.
—, *El espectador emancipado,* trad. de A. Dilon, Ellago, Castellón, 2010.
—, *El destino de las imágenes,* trad. de P. Bustinduy Amador, Politopías, Pontevedra, 2011.
RANDALL, M., *Pragmatic Plagiarism: Authorship, Profit and Power,* University of Toronto Press, Toronto, 2001.
ROSLER, M., *Clase cultural. Arte y gentrificación,* trad. de G. Jorge, Caja Negra, Buenos Aires, 2017.
ROSSET, C., *Lógica de lo peor. Elementos para una filosofía trágica,* trad. de F. Monge, Barral, Barcelona, 1976.
SANTAMARÍA, A. *En los límites de lo posible. Política, cultura y capitalismo afectivo,* Akal, Madrid, 2018.
SCHAWRTZ, H., *La cultura de la copia. Parecidos sorprendentes. Facsímiles insólitos,* trad. de M. Talens, Cátedra/Frónesis, Madrid, 1998.
SERNER, W., *Manual para embaucadores (o para aquellos que pretendan serlo),* trad. de L. Gutiérrez Ruiz, El desvelo, Santander, 2011.
SPERANZA, G., *Atlas portátil de América Latina. Arte y ficciones errantes,* Anagrama, Barcelona, 2012.
STALLABRASS, J., *Contemporary art: a very short introduction,* Oxford University Press, 2006.
—, *High Art Lite. Esplendor y ruina del Young British Art,* trad. de T. Martín y M. Suijkerbijk, Brumaria, Madrid, 2010.
STEYERL, H., *Arte Duty Free. El arte en la era de la guerra civil planetaria,* trad. de F. Bruno, Caja Negra, Buenos Aires, 2018.
THOMPSON, N., *Living as Form. Socially Engaged Art from 1991-2011,* Massachusetts Institute of Technology Press, Cambridge (Mass.), 2012.

THORNTON, S., *Siete días en el mundo del arte,* trad. de L. Wittner, Edhasa, Barcelona, 2010.

TOURAINE, A., *Crítica de la modernidad,* trad. de M. Armiño, Temas de Hoy, Madrid, 1993.

VANEIGEM, R., *Tratado del saber vivir para uso de las jóvenes generaciones,* trad. de J. Jordá, *Anagrama, Barcelona, 2008.*

VIRNO, P., *El recuerdo del presente. Ensayo sobre el tiempo histórico,* trad. de E. Sadier, Paidós, Barcelona, 2003.

VVAA, *La creación abierta y sus enemigos,* trad. de J. González del Río Rams, La Piqueta, Madrid, 1977.

VVAA, *La modernidad y lo moderno. La pintura francesa en el siglo XIX,* trad. de I. Bennasar, Akal, Madrid, 1998.

VVAA, *La revolución del arte moderno y el moderno arte de la revolución,* trad. de F. Corriente, Pepitas de Calabaza, Logroño, 2011.

WARHOL, A. y HACKETT, P., *POPism: The Warhol '60s,* Harcourt Brace Jovanovich, Nueva York, 1980.

WARK, M., *La playa bajo la calle. La vida cotidiana y los momentos gloriosos de la Internacional Situacionista,* trad. de J. L. Piquero, Hermida, Madrid, 2018.

WATZLAWICK, P., *¿Es real la realidad? Confusión, desinformación, comunicación,* trad. de M. Villanueva, Herder, Madrid, 1994.